自治力の挑戦

閉塞状況を打破する立法技術とは

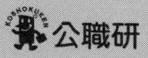

北村喜宣 著

公職研

はしがき

以前に比べると、「分権改革」という言葉を目や耳にする機会は、随分と減少した。現行法令には、「全国画一性、規定詳細性、決定独占性」が強く残されており、その不断の改革が求められているはずであるが、マスコミや社会や学界の関心は、格段に薄れてきている。

動きがないわけではない。内閣府地方分権改革推進室が中心となって、「提案募集方式」の作業をしている。しかし、その成果については、「決して止まっているわけではなく、ちょこちょこと進んでいるのですけれども、だんだんとチマチマしてきた感じがあります。」（西尾勝「[インタビュー]自治・分権・憲法〈後篇〉」都市問題一〇八巻六号（二〇一七年）四七頁以下・五一頁）と評されている。懸念されるのは、このような「チマチマ」をもって「改革は進んでいる」と受け取られることである。「こんなものだ」という相場観が関係者に持たれたその瞬間に、分権改革は終焉を迎える。

「現行制度の見直しにとどまらず、制度の改廃を含めた抜本的な見直しに係る提案」。これも、提案募集方式の候補となっている。そのためには、個々の職員がパワーアップを図り、その力を結集する必要がある。私の政策法務研究の根底に流れる認識である。

本書『自治力の挑戦』は、『自治実務セミナー』『政策法務Facilitator』『産業と環境』の三誌、そして、電子ジャーナルである『LEXIS® AS ONE』『環境ビジネス』に寄稿した政策法務エッセイのうち四〇本を選び、六部構成にして編集したものである。転載をご快諾いただいた各社には、謝意を表したい。

趣味で執筆しているようなエッセイを一冊本に編んだだけの本書である。志の高い自治体職員が参集するかながわ政策法務研究会の仲間である公職研の友岡一郎さんであるからこそ、このような書物を世に送り出す意義をご理解いただけているのだろう。このシリーズ第一弾『自治力の発想』（信山社出版、二〇〇一年）以来のパートナーである宮川恭之画伯の健筆にも、あわせて感謝したい。家族のサポートには、いつも助けられる。

二〇一八年　街がライトピンクに染まる頃

北村喜宣

◎**目次**

はしがき

第Ⅰ部　政策法務の眼

1 行政とは何者か？——政策法務講義の語り出し　2
2 四訂ベクトル説——現行法令を見る眼　5
3 首長とは誰だ！——総合的政策主体の意味　8
4 法律における「私人」——実定法における使用例　11
5 三％の言い分——例規集ウェブ公開実情　14
6 行政というマーケット——自治体法務と弁護士　17

第Ⅱ部　自治を深める

7 読み替えのススメ——自治体事務を意識する　20
8 想定外の仕組み？——改正行政手続法制適用の一場面　23
9 根拠薄弱・効力減退!?——「従うべき基準」と役割論　26
10 組織自治と住民自治——一五八条条例の提案者　28
11 人力と制度力——反対運動のサステナビリティ　31

第Ⅲ部　行政の実効性確保

12 実務がお好きな民法規定——行政による事務管理　34
13 勝手にやっても知りません！——行政に対する事務管理　37
14 二度目の過料の適法性——禁止命令の履行確保措置の運用　40
15 ロックを壊せ!?——児童虐待防止法と臨検　43
16 思わぬリンケージ——東京消防庁の違反対象物公表制度　46
17 課金を合理化するロジック——「道路無料公開原則」の例外　49

第Ⅳ部　行政代執行の諸相

18 学界の常識は現場の非常識？——空家法のもとで活用される代執行　52
19 行政代執行法二条の公益要件を考える——飯田市空家等適正管理条例九条を素材として　55
20 行政代執行の忘れ物？——打設した鋼矢板の末路　58
21 代執行はいつ終わる？——動産保管費用の扱い　61
22 「著しい性」判断の法的意味——戒告と行政手続法　64

第Ⅴ部　分権法務の条例実践

23 寸止め規制？——再生可能エネルギー発電施設と条例　67
24 巧みな自治的決定？——塩谷町高原山・尚仁沢湧水保全条例の対応　70
25 スソ下げ制度？——市町村要請による県事務の通用拡大　73

26 スイッチ条項――「条例で定める」の意味 76
27 張り子の虎？――条例にもとづく実地確認義務づけ 79

第Ⅵ部　空き家対策の政策法務

28 元祖・老朽空き家対応措置？――川崎市地域的困難課題相談取扱要綱 82
29 もはや「モトカノ」？――状況改善された特定空家等 85
30 必殺！空家法破り？――「利用」という事実の意味 88
31 一月一日を前にして――勧告のタイミング 91
32 適用廃止の適用除外？――ジャングル屋敷と住宅用地特例制度 94
33 一見「指導」、実は「処分」？――空家法一四条二項勧告を考える 97
34 成年後見制度と空家法――行政処分と名宛人の意思能力 100
35 空家法をコピペ！――長屋・共同住宅の住戸部分の扱い 103
36 三市三様――空家法制定を受けての条例廃止 106
37 敢えて、つくる！――ポスト空家法条例のいろいろ 109
38 「する」「できる」「しない」「沈黙」――空き家条例にもとづく即時執行の費用徴収 112
39 挑戦か、暴走か？――上越市空き家適正管理活用促進条例 115
40 これこそ県の生きる道!?――空家法と和歌山県条例 118

イラスト　宮川恭之

《初出一覧》

『自治実務セミナー』（第一法規）

43巻６号、51巻６号、52巻10号、55巻11号、629号、630号、632号、633号、636号、637号、638号、640号、641号、642号、643号、645号、647号、648号、649号、650号、651号、652号、653号、654号、655号、656号、657号、658号、659号、660号、661号、662号、663号、664号、665号

『政策法務Facilitator』（第一法規）

28号、36号、52号

『産業と環境』（産業と環境）

43巻６号

『Lexis® AS ONE』（レクシスネクシス・ジャパン）

『環境ビジネス』（日本ビジネス出版）

第Ⅰ部　政策法務の眼

1　行政とは何者か？
――政策法務講義の語り出し

ある質問　振り返れば、ずいぶん長い間、自治体職員に対して「政策法務」という科目の研修をしている。内容はおよそ定着したとはいえず、あれこれと考えては話し、反省しては修正する作業の繰り返しである。資料の整理をしていて一〇年前のレジュメを発見すると、力の入った内容に気恥ずかしい思いもする。

研修の長さが四日間であっても二時間であっても、この一年ほどは、冒頭の一時間なり一五分なりを、憲法と法律と行政の関係の話にあてることにしている。受講者である自治体職員に、「行政とは何者か」を考えてもらいたいからである。

質問が可能な研修では、受講生にいきなり「行政は何のために存在しているのか」と問うてみる。唐突な質問に絶句する受講生が多いが、やりとりを経れば、「住民を幸せにするため」「公共の福祉を実現するため」という回答にたどりつく。それを踏まえて、話を進める。語っているのは、大要次のような内容である。

憲法のもとでの行政の役割　憲法二五条一項は、「すべて国民は、健康で文化的な最低限度の生活を営む権

利を有する。」と規定し、生存権を保障する。しかし、それだけでは何も決まらないから、国会が法律を制定して内容を確定する。これは、対象者とされる住民一般に対する保障である。給付が必要と考える住民は、行政に対して個別に申請をする。

これは福祉行政であるが、規制行政ではどうだろうか。憲法二九条一項は、「財産権は、これを侵してはならない。」と規定する一方で、二項は、「財産権の内容は、公共の福祉に適合するやうに、法律でこれを定める。」と規定する。一〇〇ある権利を住民それぞれが勝手気ままに行使していては不都合が発生するから、国会が、七〇というように、法律でその内容を確定する。これは、対象とされる住民一般に対する制約である。そのもとで行為をしたい住民は、行政に対して個別に申請をする。

七〇を一〇〇%　福祉行政にせよ規制行政にせよ、住民から申請を受けた行政は、法律で確定された内容を一〇〇%実現する責務を負っている。それは、法定の基準に照らして申請内容を評価することにより行われる。たとえば規制行政の場合、行政としては七〇ではなく五〇に権利を抑え込むのが適切と考えていたとしても、立法者が七〇といっている以上、勝手に行動するわけにはいかない。行政は、民主主義にもとづき、立法者の決定を申請者との関係で具体化する役割を担う…。

法律の意義を知る

行政の役割についてこのような説明をされた経験はないと受講生はいう。現場行政では、いきなり実務に従事する。その際には、マニュアルや先例が大きな役割を果たす。このため、自分が担当している法律にどのような意味があるかを考える余裕などないのが通例である。しかし、この基本的な部分を押さえていないと、「行政のやっていることだから正しい」というように、とんでもない誤解をする危険性がある。

重要な行政手続法制

そのうえで、行政手続法制の話をする。研究者にとっては驚きだろうが、「自分の自治体に行政手続条例があることを知っている人」という質問を受講生にすると、七割くらいは「知らない」と答える。行政手続法については少し減るが、知らない職員も多い。住民の権利を実現するのに重要な行政手続法・条例を知らないで仕事をするのは、道路交通法を知らずにタクシーのハンドルを握る運転手のようなものである。

自分の事務であることの意味

それでは、法律通りにしなければならないのかとなる。これは、イエスでもありノーでもある。行政は法律を解釈して適用するのであり、法律の範囲内ではあるが、自治体の政策をそこに反映させることは可能である。また、法律および政省令が全国一律的に決定していても、それが自治体の事務（＝自分の事務）になっている以上、憲法九四条が「地方公共団体は、……法律の範囲内で条例を制定することができる。」と規定するように、自治体の事情を反映した条例を制定して、全国一律的内容の修正も可能である。法律の範囲内で、自治体にも立法権がある。すべては法解釈であり、政策法務はそれをサポートする。

このように整理したうえで、次の項目へと移っていく。いきなり「分権改革とは何か」とか「政策法務とは何か」で始めない方がいいというのが、現在の認識である。

2 四訂ベクトル説
――現行法令を見る眼

書いていないことはできない　地方自治法二条一六項は、「地方公共団体は、法令に違反してその事務を処理してはならない。」と規定する。自治体職員にとって、法令は、踏み外してはならない規範である。このため、ともすれば絶対視し、「規定されていないことをしてはいけない」と考えてしまう。法律が規定する自治体の事務（法定自治体事務）の実施においても、こうした思考方式が定着しているようである。しかし、分権改革によって法令の構造や規定ぶりが改正されなかったことに鑑みれば、このように考えてしまうと、自由度の拡大が全面的に法改正に委ねられてしまう結果になる。

発想を変えよう！　そこで、私は、かねてより、法律改正によらないで、自治体が条例を通して地域特性に応じた対応を実現できる解釈論を提示してきた。自称「ベクトル説」である。現在の認識を述べることにしよう。たとえていえば、それは「法令を見る眼」である。

次頁の❶～❸をご覧いただきたい。法令が自治体に権限を与え事務の実施を命じている状況を、ベクトルで示している。

一見まっ黒　まず❶のベクトルである。全面的に塗りつぶされている。「規律密度が高い」と表現される状況である。権限行使にかかる対象・項目・基準・手続などの内容のすべてを国（国会、中央政府）が法律や政省令により決め切ってしまい、自治体には「付け入るスキがない」状態である。たしかに、外形的には、この

◉ベクトル説とは？

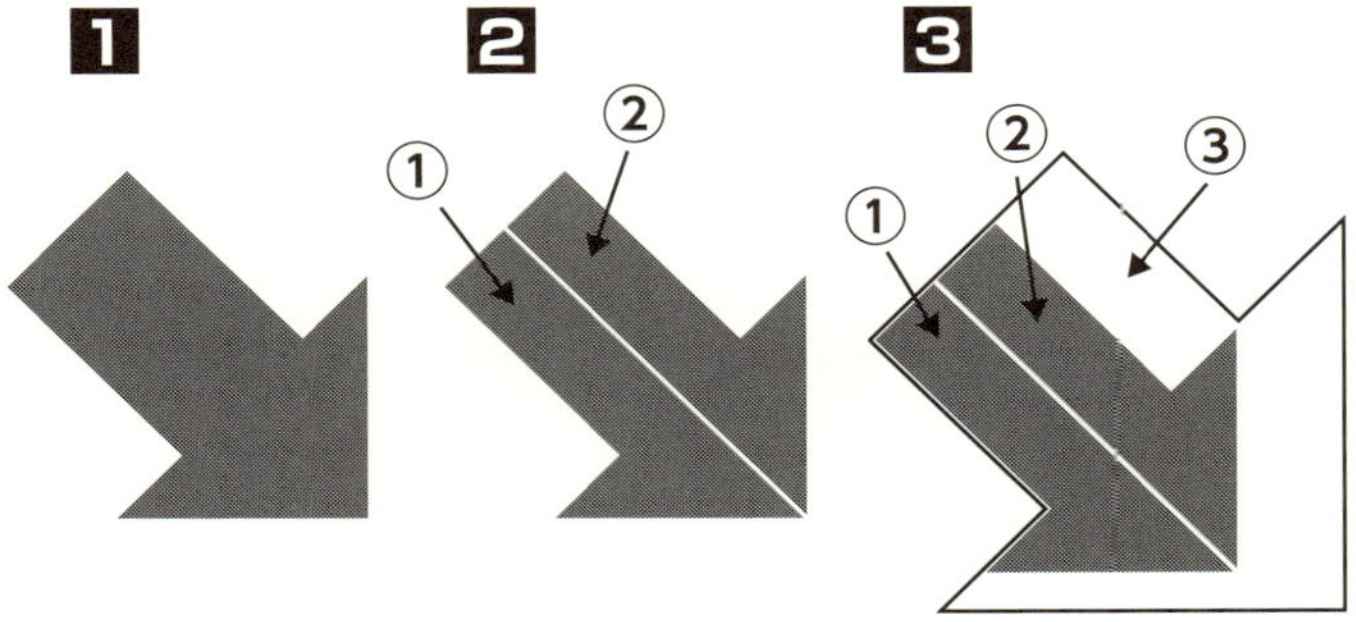

ような状態にある法令の仕組みは多くある。

修正可能部分をみつける　しかし、そのようにみえる法令であっても、見方を変えれば、自治体が自己決定権を行使できる部分がみえてくる。**2**のベクトルで説明しよう。ベクトルが、①と②の部分から構成されていると考えるのである。

法定自治体事務（法定受託事務＋法定自治事務）は自治体の事務ではあるが、それは、国会が国民の基本的人権の保障の観点から創出したものである。すなわち、すべての国民に関して等しく実現されるべき内容が含まれている。地方自治法一条の二第二項が規定する国の役割に照らしていえば、「……全国的に統一して定めることが望ましい国民の諸活動……又は全国的な規模で若しくは全国的な視点に立つて行わなければならない施策……の実施」の部分である。この役割にもとづいて規定された法令部分については、自治体の条例制定権の事項的対象外である。これが①の部分になる。

第二次決定は可能　もっとも、自治体の事務である以上、①の部分ばかりではない。法定自治事務について、地方自治法二条一三項は、「国は、地方公共団体が地域の特性に応じて当該事務を処理することができるよう特に配慮しなければならない。」と規定する。法定受託事務についても、「それなりの配慮」は必要である。配慮の内容は、規制強化的結果をもたらす場合もあるから、同法一四条二項を待つまでもなく、それは条例により実現されなければならない。

そのように考えると、②の部分は、国が第一次決定をしているけれども、それは、自治体の第二次決定に開放された規定事項であり、そのかぎりにおいて、条例制定権の対象となる。上書き、上乗せ、文言詳細化・具体化・顕在化など、内容は多様である。この部分の法令規定は、標準的なものと考える。法令のどの部分が①か②か、その境界線がどこにあるのかは、解釈により決せられる。なお、②の部分であっても、政策的観点から全国統一的内容にしたいと国が考えることもあるだろう。その場合には、法律の明文規定により、条例対象から外す必要がある。

オープンスペースをみつける　さらに、❸のベクトルである。法令の制度趣旨に鑑みて、明文で実際に規定されているのは外枠の一部と考え、自治体が法目的の実現の観点から第一次決定できるオープンスペースが存在していると整理する。これが③の部分である。法律の欠格要件に暴力団条項を追加するような横出しが典型的内容である。

このベクトルをものさしにして法令を分析すれば、新たな自己決定余地がみえてくる。

3 首長とは誰だ！
――総合的政策主体の意味

超愚問？　自治体職員研修をしていてのやや雑談的時間のなかで、「ところで、首長とは誰のことでしょうか」と受講生にたずねることがある。十中八九、「都道府県知事や市町村長のことです」という回答がかえってくる。なぜそのような分かりきった質問をするのかと、訝しげな表情さえみえる。

たしかに、『広辞苑〔第七版〕』（岩波書店、二〇一八年）一四〇一頁にも、「首長」はあり、そこでは、「地方自治体の――」という用例が紹介されている。日常的な表現になっているといえるだろう。

調べてみれば…　インターネットに接続されているパソコンが研修会場にある場合には、総務省の「法令データ提供システム」を用いて「憲法・法律」に関する法令用語検索をする。「首長」と入れてサーチをすると、四件のヒットがある。中央省庁等改革基本法、内閣法、日本国憲法、「在外公館の名称及び位置並びに在外公館に勤務する外務公務員の給与に関する法律」である。最後の法律における使用例は、「アラブ首長国連邦」なので、これはさておくと、はじめの三つにおいては、共通した人が首長として規定されている。

首長は首相　研修会場が多少ザワつく。そう、首長とは、都道府県知事でも市町村長でもなく、内閣総理大臣なのである。憲法六六条一項は、「内閣は、法律の定めるところにより、その首長たる内閣総理大臣及びその他の国務大臣でこれを組織する。」と規定する。俗に「首相」というように、多くの大臣のなかで「首ひとつ抜き出た存在」なのである。前掲の『広辞苑』は、「内閣の――」という用例もあげている。

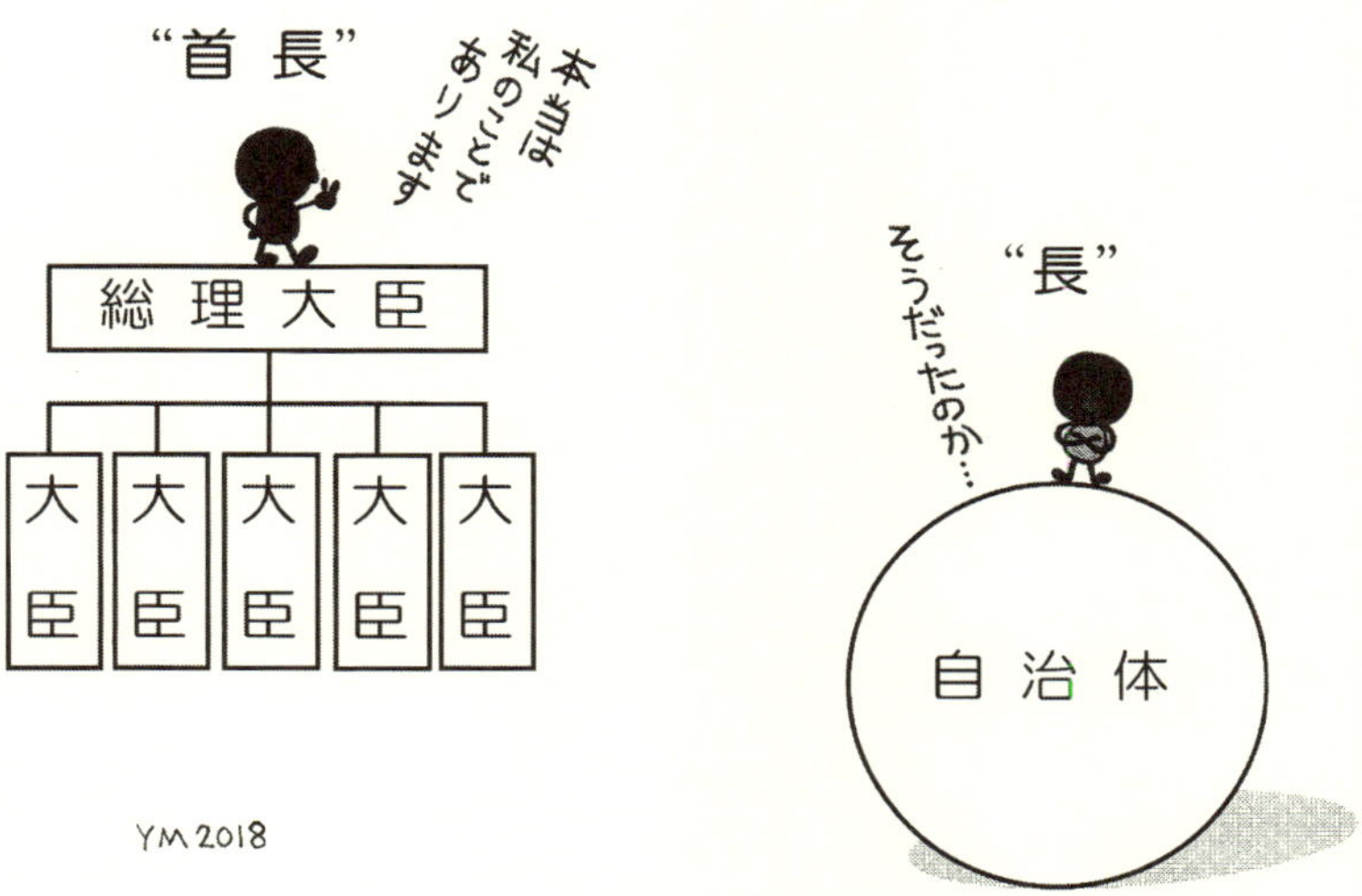

憲法テキストの解説　松井茂記『日本国憲法〔第三版〕』（有斐閣、二〇〇七年）は、次のように解説する（二〇九頁）。「内閣総理大臣は、明治憲法下の内閣制では各大臣の首班とされていたが（内閣官制二条）、そこでは個々の大臣が個別に天皇の行政権行使を輔弼すべきものとされていたから、内閣総理大臣はいわば「同輩中の主席」にすぎなかった。しかし日本国憲法では、内閣総理大臣は内閣の「首長」とされており（六六条一項）、このことは一般に内閣総理大臣の内閣の長としての地位を認めたものであると考えられている。この解釈は、内閣総理大臣に国務大臣の任免権が付与されていることによっても支持されよう。」

それでは知事や市町村長は？　それでは都道府県知事や市町村長は何かとなるが、たんに「長」である。地方自治法一四七条は、「普通地方公共団体の長は、当該普通地方公共団体を統轄し、これを代表する。」と規定する。大臣の場合は、内閣法三条により、「各大臣は、別に法律の定めるところにより、主任の大臣として、行政事務を分担管理する。」とされるが、いうまでもなく、長の補助機関である部長や課長などは、大臣とは異なる。分担管理という原則は、自治体行政にはない。

地方自治法の認識　この趣旨は、地方自治法一条の二第一項が、「地方公共団体は、住民の福祉の増進を図ることを基本として、地域における行政を自主的かつ総合的に実施する役割を広く担うものとする。」と規定していることとも関係する。すなわち、自治体は総合的政策主体であり、その長は、授権の根拠となる法律について、これらを総合的観点から実施する義務がある。松本英昭『新版逐条地方自治法〔第九次改訂版〕』（学陽書房、二〇一七年）は、「総合的」のひとつの面を「関連する行政の間の調和と調整を確保する」ことにみている（一四頁）。霞が関のタテワリは、そのまま自治体行政現場に持ち込まれてはならないのである。もちろん、法律の実施にあたっては、その制度趣旨の逸脱は許されない。しかし、かつての機関委任事務とは異なり、自治体の事務となっている以上、自治体政策の実現のために当該法定事務を実施することは可能である。

「長」は「長」たれ！　地方自治法に規定された「総合的」の言葉を生かせるかどうかは、ひとえに長の意識にかかっている。それぞれの法律に関するミクロ的法治主義のうえに、総合的対応をすべきというマクロ的法治主義がある。それは、憲法九二条およびそれを具体化した地方自治法一条の二を根拠とするものなのである。

ところで実は、私自身も、つい最近までは、自治体の長を指して「首長」といっていた。不勉強を反省している次第である。それにしても、いつから自治体の長を「首長」と呼ぶようになったのだろうか。誰に聞いても答えにたどりつけないでいる。

4 法律における「私人」
——実定法における使用例

定着した「私人」　行政法学においては、国や自治体という行政主体との対比で、行政客体としての「私人」（自然人、法人）が語られることがある。「私人」に関する研究も深まってきており、米丸恒治『私人による行政：その法的統制の比較研究』（日本評論社、一九九九年）という書物があるほか、テキストにおいても、「行政過程における私人の地位」「行政過程における私人の行為」（塩野宏『行政法Ⅰ〔第六版〕行政法総論』（有斐閣、二〇一五年））、「行政過程への私人の参加」（藤田宙靖『行政法総論』（青林書院、二〇一三年））、「行政過程における私人」（宇賀克也『行政法概説Ⅰ〔第六版〕行政法総論』（有斐閣、二〇一七年））といった章が設けられている。

三つの使用パターン　ところで、「私人」とは法律用語なのだろうか。「法令データ提供システム」で「私人」の用語検索をすると、二三法律がヒットする。使われ方は、三つのパターンに分かれる（いずれも、傍線筆者）。

事務委託対象としての「私人」　第一は、事務の委託対象としての「私人」である。たとえば、競馬法四条は、「日本中央競馬会は、政令で定めるところにより、競馬の実施に関する事務を都道府県、市町村又は私人に委託することができる。」と規定する。同法一条は、日本中央競馬会と都道府県に競馬という業務を行わせる権能を与えているが、競馬の実施に関する事務（例：勝ち馬投票券の発売、払戻金・返還金の交付、競馬場内外施設の警備、入場料徴収）は日本中央競馬会が独占するという前提となっている。それを、傍線部のように、私人を含む他の主体に委託しうるとするのである。この使用例がもっとも多く、一三法律ある。

財産所有者・管理者としての「私人」　第二は、財産の所有者・管理者としての「私人」である。たとえば、「東日本大震災により生じた災害廃棄物の処理に関する特別措置法」六条一項は、国が講ずべき措置として、「国は、災害廃棄物に係る一時的な保管場所及び最終処分場の早急な確保及び適切な利用等を図るため、特定被災地方公共団体である市町村以外の地方公共団体に対する広域的な協力の要請及びこれに係る費用の負担、国有地の貸与、私人が所有する土地の借入れ等の促進、災害廃棄物の搬入及び搬出のための道路、港湾その他の輸送手段の整備その他の必要な措置を講ずるものとする。」と規定する。土地の所有者としては、自治体もあるところ、借入れ等の促進対象として、傍線部のように、私人の所有にかかる土地を特定しているのである。こうした使用例は、八法律ある。

その他の「私人」　第三は、これらのいずれにも分類できない「その他」であり、二法律ある。中央省庁等改革基本法五〇条三項は、「政府は、国の規制の撤廃又は緩和に伴い、司法機能の充実強化の方策について更に検討するとともに、行政庁と私人の間又は私人相互間の紛争を解決するための行政審判の機能がより重要になることに鑑み、その充実強化の方策及びこれを担う組織の在り方について、検討するものとする。」と規定する。ここでは、行政庁ではない主体として私人が認識されている。

もうひとつは、砂防法である。行政法学において有名な同法三六条は、「私人ニ於テ此ノ法律若ハ此ノ法律ニ基キテ発スル命令ニ依ル義務ヲ怠ルトキハ国土交通大臣若ハ都道府県知事ハ一定ノ期限ヲ示シ若シ期限内ニ履行セサルトキ若ハ之ヲ履行スルモ不充分ナルトキハ五百円以内ニ於テ指定シタル過料ニ処スルコトヲ予告シテ其ノ履行ヲ命スルコトヲ得」と規定する。義務対象者をあらわしている。しかし、現在の法制執務のお作法によれば、このような場合に「私人」という文言を用いることはおそらくないだろう。

『広辞苑』では？　『広辞苑〔第七版〕』（岩波書店、二〇一八年）一二八二頁は、「公的な立場をはなれた一個人。私的な立場からみた個人。」「↕公人」という説明をする。実定法における使用例では、一般的な用語法とは異なって、公的な仕組みのなかに組み込まれた個人や法人を意味している。なかなかおもしろいものである。

5 三%の言い分
――例規集ウェブ公開実情

例規集の電子公開

　ウェブサイトを持たない自治体は（たぶん）ない。それでは、そこに例規集をアップしていない自治体はどうだろうか。四七都道府県、一七一八市町村、二三特別区の合計一七八八が分母である。「えっ、そんなとこあるの？」と思われるかもしれない。多いとみるか少ないとみるかは難しいが、二〇一七年度中に公開予定のところを除いても五二（約三%）の自治体（すべて町村）がそうした状態にある。

教授の執念

　私の高校時代の同級生に、図書館情報学の教授がいる。彼が、独自のサイトを立ち上げて、全国の自治体の例規を収集し一括して検索できるシステムの構築を進めている。ウェブサイトで公開されていない自治体の例規は、送付してもらったり訪問してコピーしたりして集めている。そして、各種パターンにあわせた収集プログラムや変換プログラムを開発し、苦労に苦労を重ねていよいよ残り五二にまで到達したのである（http://jorei.slis.doshisha.ac.jp）。ハンパではない粘り強さである。もう少しで「全国制覇」である。しかし、この三%が、なかなかに手ごわい。

　同級生君は、強烈なアタックをかけている。もちろん、例規集そのものは、役所のなかに存在はしている。条例・規則の改正はあるから、メンテナンスはされている。それを送ってもらってコピーし、データ化してアップするのである。紙媒体しかない自治体にとっては、頼まなくても無料でやってくれるのであるから（もちろん、研究費を活用しての作業である）、ウェブ公開という状態を望むのであれば、願ったり叶ったりのはずであ

だって！
電子データないし上司の許可は出ないし
メリットないし貸し出し禁止だし
公開は困るし整備されてないし
…手数料もかかるし
3％
YM 2018

る。

「大きなお世話」？　ところが、どうもそうではないようである。同級生君は、行政の担当者と直接に交渉をしているが、信じられないような現場実情がある。彼が経験したいくつかの対応を紹介しよう。どのような理由が語られるのだろうか。

理由のいろいろ　「役場に電子データがないから出せない」。だから、代わってやってやろうといっているのである。「上の許可がおりない」。許可を要するような内容の情報ではないはずである。「そんなことをして何のメリットがあるのか」。そういわれればそうかなあとも一瞬思うが、逆に、しないことに何のメリットがあるのだろうか。「貸し出しは取り決めによって禁止されている」。どんな取り決めかはわからないが、同級生君の信用がよほどないのだろう。超有名私立大学の教授なのだが。「大学内で使用するのはいいが公開されてしまうのは困る」。こちらは、少しは信用してくれている。

「整備されていないので外に出したくない」。なるほど、恥ずかしい内容なので、人目にさらされるのははばかられるというのである。たしかに、これなら納得できるが、納得している場合ではない。そのようにいう自治体が、整備のための努力をしているとは思えない。「来ればコピーさせてあげるが、手数料は住民票に準じて一枚三〇〇円です」。目がテンになる。準ずるなら、せめて情報公開請求条例にもとづく複写料金であろう。

全国ランキング　このようにウェブ公開に超後ろ向き自治体であるが、地域的な特徴がある。二〇一六年秋現在、北海道三、青森県三、福島県一、山梨県一、長野県五、岐阜県一、福井県一、奈良県七、和歌山県五、岡山県一、山口県一、徳島県三、高知県四、福岡県二、熊本県一、大分県一、宮崎県一、鹿児島県七、沖縄県四となっている。

町村数は都道府県によって異なるから、数字だけでは評価はできない。そこで、それぞれの町村数を分母にして割合を示すと、トップ3は、①鹿児島県（二九％）、②奈良県（二六％）、③和歌山県（一九％）となっている。

何を守るのか？　ストーカーまがいに手紙、メール、電話で攻勢をかける同級生君であるが（研究者はこうでなくてはいけない）、協力を打診したところ、依頼状の受領さえ拒否する町村が五二のうち一六あるというのも信じられない。電話口でケンカ腰の物言いをされたときには、対面していたら身の危険を感じただろうとまで彼はいう。そこまでして守りたいものは何だろうか。その理由を知りたいところである。

学会表彰！　さてさて、ここまでくれば、「全国制覇」をしたいだろう。その日が近いうちに来ることを楽しみにしている。行政法研究者にとっては、研究対象へのアクセスがきわめて容易になる。達成のあかつきには、（副賞はないが）学会表彰モノである。

6 行政というマーケット
――自治体法務と弁護士

弁護士と自治体　日本弁護士連合会（日弁連）の調査によれば、二〇一八年二月一日現在、法曹有資格者を常勤職員として採用している都道府県は一四都県で三二名（内一四名任期付）、市区町村および一部事務組合については、九〇で一二〇名（内一〇三名任期付）であり、合計すると一五二名となっている。二〇一六年四月は一二三名であった。現在はいなくても、かつては在職していた場合もある。法曹有資格者の自治体行政への進出は、この一〇年間で、相当に伸びたといえるだろう。その多くは、いわゆる法科大学院世代である。

日弁連は、『自治体内弁護士という選択』というリーフレットを作成するほか、スムーズな入庁や退庁後の再就職を確実にするために、「自治体内弁護士等任用支援事務所」を募集して、サポート体制を強化している。従来、顧問弁護士と契約して案件の相談などをしていたにすぎない自治体行政が、同僚として弁護士を雇用するというのは、たしかに新しい傾向にちがいない。

何が変わった?　行政にとっての「異分子」が組織内に入ることによって、従来の行政運用や思考方式がどのように変容したかは、法社会学的にも興味深い研究領域であろう。少し大きなプロジェクトになるだろうが、いずれは取り組んでみたい課題である。

弁護士のメリット　さて、弁護士にとって、行政職員になることだけが、行政とのおつきあいの方法ではない。「本来」というべきかもしれないが、行政の外部に位置しつつも、行政に対して、求められるリーガル

サービスを提供する可能性も追求されてよい。そのひとつに、条例支援がある。

二弁の取組み　東京第二弁護士会（二弁）には、任意の組織である自治体法務研究会が設置されている。二弁所属の弁護士が中心であるが、他会弁護士、任期付き職員、行政職員なども参加している。これまで、空き家条例、個人情報保護法改正、行政不服審査法改正、民法改正など、そのときどきのテーマについて研究会を重ねてきた。最近の活動で注目すべきは、「行政手続における特定の個人を識別するための番号の利用等に関する法律」（番号法）の施行を受けた個人情報保護条例の一部改正の条例支援である。条例にはそれぞれの自治体で微妙な違いがあるが、番号法が求める内容を実現すべく、具体的な改正条例案を作成している。もちろん、ビジネスとして行われている。個人情報保護や番号法に詳しいメンバーの参加がえられたことも大きい。

このような作業は、大手出版社系コンサルタントに外注されていたこともあった。現に、そのようにした自治体もあるだろう。確認はしていないが、納品された条例案の内容にどのような違いがあるのか、興味深いところである。

教えられない立法技術　どれほどペイする仕事なのかはわからないが、これが有望なマーケットであるとすれば、条例立案能力をつけるトレーニングが必要になってくる。一般に、法科大学院では、法律や条例の条文を起案するような授業は開講されていないから、弁護士になってからの対応となる。

パブコメ対応という手段　その方法はいろいろあるだろうが、ひとつには、パブリックコメントへの参加がある。国とは異なって、自治体では、条例案をパブコメにかける運用が多くなっている。条文形式になっている場合もあるし、それよりは熟度が低い場合もある。パブコメ期間は一か月程度であるから、時間的にちょっと苦しいのであるが、適切な素材を選び、担当者を決めてコメント案を作成し、それを研究会で議論して送付するのである。回数をこなすことにより、条文をじっくり読み込み、運用を想定した際の問題発生の可能性を指摘したり、不適切な用語法を指摘したりできる。佳き法の実現に寄与できるのである。

地力の養成　これ自体はフィーが発生しない自主勉強であるが、その作業を通じてそれぞれの法務能力が向上するだろう。パブコメをきっかけに、当該自治体とのおつきあいがはじまり、ビジネスに発展するかもしれない。行政という職場に関心を持つ弁護士が増えるかもしれない。

弁護士にとって、行政というマーケットには、まだまだフロンティアが多くある。そこへの進出は、将来的に、法科大学院のカリキュラムに影響を与えるのではないだろうか。

第Ⅱ部　自治を深める

7　読み替えのススメ
——自治体事務を意識する

忘れられた分権　二〇〇〇年の地方分権一括法施行から、早いもので、一八年が経過した。企画モノが大好きな出版社でさえ、二〇一五年には、「一五周年」を機に何かをするということは少なかった。分権改革に対する鋭い問題意識と深い理解を持つ新聞記者は多くはみられず、関係記事は激減している。そうしたなかで、時間は淡々と流れている。

慣性を変えろ！　個人についても、組織についても、その行動には、「慣性の法則」が作用する。すなわち、時空を超えて行われてきたことを継続させる力は、何かの改革を経ても、なお強く存在するのである。それを断ち切って新たな対応を進めようと思えば、それなりの工夫が必要になる。

おとなしい自治体　「機関委任事務が全廃され自治体の事務となったことにより、条例制定権が拡大した」という事実について考えてみよう。中央政府は、個別法の個別条項を改正することを通じて拡大が実現するという方針のようである。第一次一括法や第二次一括法では、自らが選択した事務について自らが妥当と考える

範囲で自治体の「自由」を認め、条例による決定を強制した。さすがにこれは評判が悪いことから、最近では、いわゆる提案募集方式を通じて、自治体の意見を聴取している。しかし、一括法に反映されている成果はきわめて貧弱である。

条例余地を拡大せよという自治体からの提案は、なぜかそれほど多くない。したがって、実現されたものは、片手にも満たない。これが、全国一律の規制内容を修正する必要性を自治体が感じていないことを意味するのであれば、分権改革は必要なかったといえそうである。

慣性を意識せよ！　評価は難しいが、私は、次のように考えている。一八年を経過しても、この社会には、機関委任事務時代の慣性がまだ強く作用しており、自治体は分権に対して十分に目覚めていない。それゆえに、変えることそれ自体の意味が理解されておらず、声も上がらないのではないか。第一次一括法と第二次一括法による条例の強制によって、「たたき起こされプールに放り込まれた」自治体であるが、嵐が過ぎた現在は、再び眠りについているようにもみえる。

リアリティを持とう！　たしかに、改革は相当の難事である。妙案はないが、政策法務担当に提案しているのは、自治体の事務を規定する法律について、「主語を自分の自治体・自治体の長」にして読み替える作業である。たとえば、市町村の事務を規定する法律は、「市町村は、……できる」「市町村長は、……できる」と規定している。A市であれば、それを、「A市は、……できる」「A市長は、……できる」と読むのである。抽象的に、「市町村」「市町村長」と規定されている法律を使っているのでは、「自分の事務意識」がなかなか生まれない。政令や省令で全国一律の基準が適用されるようになっていても、全国の市町村を対象にするのだから「そんなものか」と考えてしまう。

そこで、A市・A市長を主語にして読むことにより、なぜわが市の事務なのに全国一律の基準に従わなければならないのかという疑問が生まれるのを期待したい。修正が必要ないというのであれば、それはA市が平均的な自治体でとくに特徴もないことを意味する。個別法の改正を待つのではなく、わが市の実情に適合していない基準であれば、それが全国一律適用がされるべき基準と解されないかぎり、条例により修正を施す。異なった角度から光をあて、自治の可能性を拡げてもらいたい。

8 想定外の仕組み？
――改正行政手続法制適用の一場面

「処分等の求め」（三六条の三）の新設　二〇一四年六月に、行政手続法が一部改正された。その内容のひとつが、「処分等の求め」（三六条の三）である。同条一項は、「何人も、法令に違反する事実がある場合において、その是正のためにされるべき処分又は行政指導（その根拠となる規定が法律に置かれているものに限る。）がされていないと思料するときは、当該処分をする権限を有する行政庁又は当該行政指導をする権限を有する行政機関に対し、その旨を申し出て、当該処分又は行政指導をすることを求めることができる。」と規定する。

行政手続条例も追随　自治体が行う行政指導については、行政手続法の適用除外とされている。もっとも、同法四六条が、自治体に対して、「……この法律の規定の趣旨にのっとり、……必要な措置を講ずる」ことを努力義務としているため、法改正後に同旨の改正をした行政手続条例が多い（例：東京都行政手続条例三六条）。以下、自治体に関して、一般的に整理する。法定事務としての処分については行政手続法が適用され、法定事務としての行政指導については行政手続条例が適用される。

改正法の前提　ここで注目すべきは、法令違反の存在である。すなわち、法律で何事かが義務づけられており、その違反に対する監督措置として不利益処分または行政指導がされるような仕組みが規定されるモデルが前提になっているようにみえる。宇賀克也『解説　行政不服審査法関連三法』（弘文堂、二〇一五年）二六二頁は、「法令違反の事実とは、法令が定める義務または要件に違反する事実」とし、例として、「化学工場が法令

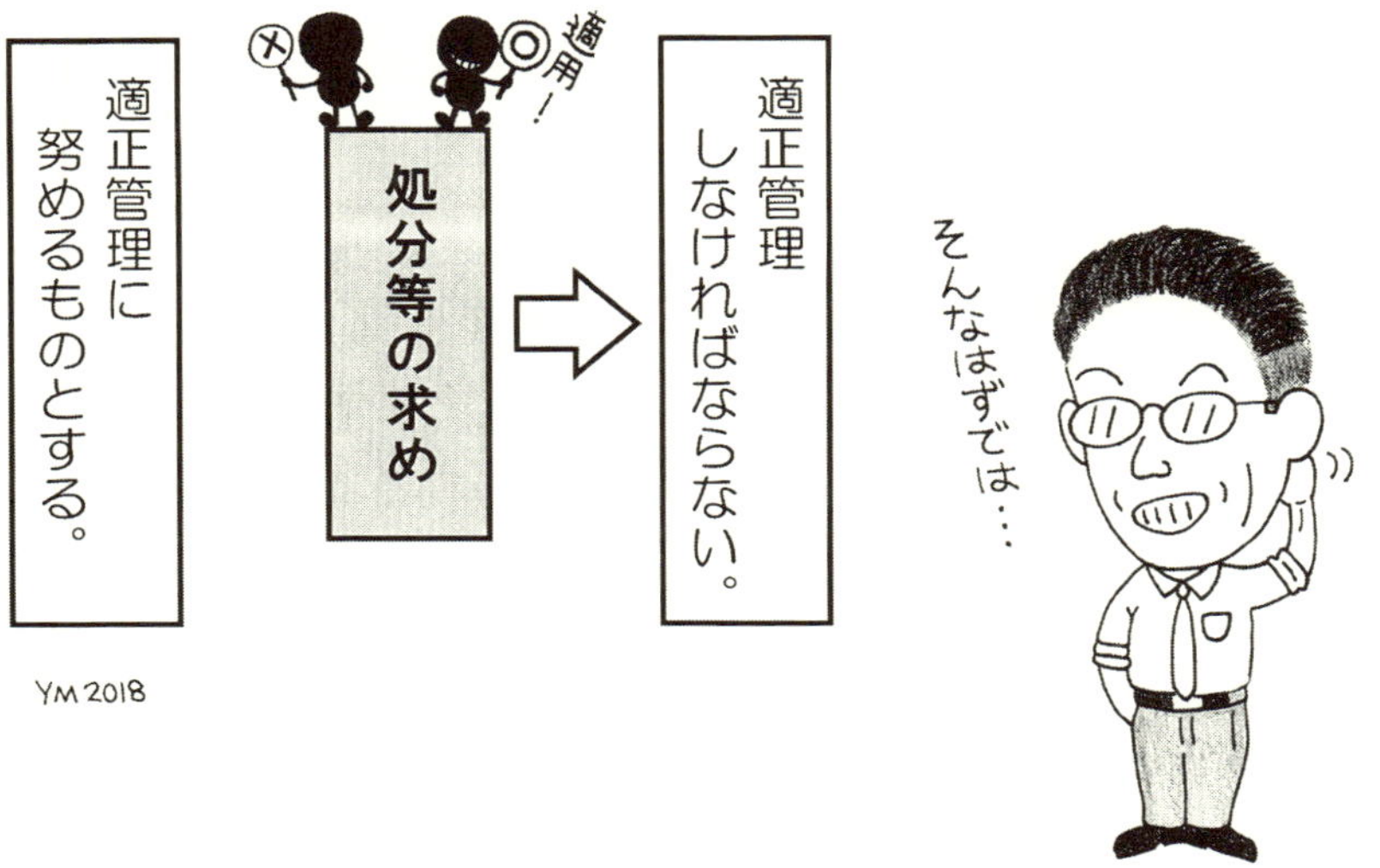
適正管理に努めるものとする。
処分等の求め
適用！
適正管理しなければならない。
そんなはずでは…
YM 2018

で許容された濃度を上回る濃度の有害物質を含む排水を河川に放出しているような場合」をあげる。

空家法に適用すれば　「空家等対策の推進に関する特別措置法」（空家法）を素材にして、「処分等の求め」をシミュレーションしてみよう。同法は、「そのまま放置すれば倒壊等著しく保安上危険となるおそれのある」（二条二項）などの状態にある空家等を特定空家等と定義し、市町村に対して措置を義務づけている。

同法の仕組みで注目されるのは、空家等の所有者等に対して、「周辺の生活環境に悪影響を及ぼさないよう、空家等の適切な管理に努める」（三条）と規定している点である。すなわち、一般的努力義務にすぎないのであり、それをしなかったことが「法律に違反する事実」になるかどうかが問題になる。

努力義務は「違反」をつくらない　特定空家等に対しては、市町村長が助言・指導（一四条一項）、それによる改善がされないときには勧告（一四条二項）がされるが、法律違反状態はないということになれば、（勧告の処分性はさておくと）これら行政指導に関しては、行政手続条例にもとづき行政指導を求める申立ての前提を欠いてしまう。勧告にかかる措置が講じられなかった場合において特に必要と認めるときにされる命令（一四条三項）に関しても、行政指導の不服従は「法令に違反する事実」にはならないから、同様に、行政手続法にもとづき行政指導を求める申立ての前提を欠いてしまう。

改正法の制度趣旨　しかし、「処分等の求め」制度には、行政リソースの制約ゆえに十分な情報収集を行政ができないことを補完する機能、あるいは、違反に対する微温的対応に「外部の眼」を意識させる機能があると考えれば、たんなる努力義務であるがゆえにその違背は「法令に違反する」とはいえないというのも、制度趣旨にそぐわないように感じる。「何人も」に申立権を認めたのであるから、広義に解してよいのではないか。

そのように整理すれば、管理状態が劣悪な空家が近所にあって困っている住民は、市町村長に対して、まずは行政手続条例にもとづいて「行政指導の求め」をするだろう。そして、申立てを受けた行政が、「特定空家等の状態になってはいない」と考えれば、「助言・指導の対象ではない」と回答するのだろう。

勧告なければ命令なし　その場合、その回答に不満な申立人は、行政手続法にもとづいて「命令の求め」ができるだろうか。これは無理だろう。というのも、法一四条命令は勧告前置となっているため、たとえ「法令に違反する事実」があるとしても、別の要件を充足しないのである。

改正行政手続法は、こうした仕組みを想定していなかったのだろうか。そうであるとしても、助言・指導の求めができるとされたことは、空き家行政担当にとっては、相当の脅威となっているように感じる。なお、空き家条例を制定して、そのなかで適正管理を「しなければならない」と義務づけている場合には、「法律又は条例に違反する事実」を正面から観念できるから、法一四条一項の助言指導の求めは可能である。

9 根拠薄弱・効力減退!?
——「従うべき基準」と役割論

役割論の重要性　「枠付けの見直し」の議論や作業を見るにつけ、「国と自治体の適切な役割分担」を論ずる必要性を痛感している。

全廃された機関委任事務　第一次分権改革の最大の成果は、機関委任事務の全廃であった。アバウトにいえば、同事務を規定していた法律には「国の事務」しかなかった。組織法的にみれば、「国の役割」しかなかったのである。それが、法定受託事務と法定自治事務になった。それらは自治体の事務（法定自治体事務）であり、この振分けこそ、地方分権推進委員会が心血を注いだ作業であった。

元機関委任事務である法定自治事務を考えてみよう。自治事務になったからといって、条文の文言上、明確に自由度が増したわけではない。第一次分権改革は法令改革をしなかったので、内容は「国の事務時代」のままである。それを背負って自治体が事務を執行するのである。

「国民」が「住民」に　事務の対象はだれだろうか。以前ならば、「その自治体に居住する国民」であった。「国民」に対して国が決めた基準を適用するのであるから、違和感はない。ところが現在は、事務の対象が「住民」になっている。しかし、法律にもとづく事務であるから、当然に国会は、「国民」の基本的人権の保障の観点から立法したはずである。そう考えると、自治事務の対象は、「国民でもあり住民でもある私人」ということになる。

いささか観念的であるが、ひとりの私人の「国民部分」については、国が国の役割を踏まえて対応し、「住民部分」については自治体が自治体の役割を踏まえて対応する。しかし、それが自治体の事務である以上、国が「国民」に対して、直接に対応することはできない。国民部分というのは、おそらくは国会が国民の基本的人権の保障を企図して、それを何としても実現しなければならないと考えた部分であろう。本来ならば、直営事務として行えばよいのであるが、そうはできないがゆえに、自治体にゆだねた部分でもある。

気になる物言い　このため、国として、「従うべき基準」という発想が生まれるのであろう。法定自治事務であるがゆえに、そうした物言いをされるのは自治体としては心外であろうが、現行憲法のもとでは、地方自治の本旨にもとづくその判断が適切であるかぎりは、受け入れる義務はある。

求められる説明責任　ただ、自治体の事務に関するものであるにもかかわらず、「従うべき基準」というい方をするからには、その妥当性について、かなり高い説明責任が国の側にあると考えるのが、憲法九二条に照らして妥当であろう。単にそのように決めたというだけでは不十分である。自治体としては、国が十分な説明責任を果たしておらず、かつ、その内容に合理性がないと思うのであれば、それに拘束される理由はないことになる。「参酌すべき基準」とみなせばよい。

自治体が審査する　「従うべき基準」というのは、①基準遵守の義務づけ、②基準の具体的設定の二つの次元で整理される。法律本則では①がなされ、省令で②がなされる。自治体としては、特に②に注目し、一定の範囲をもって示される基準に十分な合理性があると説明されているかを確認すべきである。パブリックコメントにおける説明資料や応答内容は重要な情報である。

今後、自治体は、それぞれの役割論をもっと意識してよい。

10 組織自治と住民自治
――一五八条条例の提案者

組織編制権　地方自治法一五八条一項には、二つの文章がある。「普通地方公共団体の長は、その権限に属する事務を分掌させるため、必要な内部組織を設けることができる。」（第一文）、そして、「この場合において、当該普通地方公共団体の長の直近下位の内部組織の設置及びその分掌する事務については、条例で定めるものとする。」（第二文）である。たとえば、神奈川県は、県局設置条例を制定している。

議員提案条例の可能性　この条例の提案権はだれにあるのだろうか。より具体的にいえば、果たして議員提案は可能なのだろうか。

自治権を重視した自治法改正　かつて地方自治法は、都道府県について、「都は一一局」というように、局という組織をいくつ設けるかを規定していた。しかし、これは自治権のひとつである行政組織の自主組織権を大きく制約するものであることから、二〇〇三年改正により、現在のようになった。なお、条例で規定すること自体は以前から行われていた。前出の神奈川県条例は、一九五六年制定である。

肯定説のロジック　条例で規定すべきと明示されたことから、「県は局については条例で規定することとされているが、行政に対する民主的コントロールのためには課についても条例で規定すべきであり、市長提案がなければ議員提案条例としてそれができると解すべき。それが住民自治だ」という議論がされることがある。一見もっともなのであるが、どう考えるべきだろうか。

否定説が妥当　結論的にいえば、ここで住民自治を持ち出すのはお門違いであろう。局について法律の縛りをなくしたのは、知事の組織編制権の自主性を尊重しようということであり、県の自治権を尊重するということではなかった。本来は、地方分権一括法によって一九九九年に改正されるべきものであった。国が自治体の組織のあり方に口を出す旧一五八条一項は、機関委任事務の名残が感じられる規定である。

それはさておき、現一五八条一項第二文は、県は局については条例で定めるとされている。条例案提案権について、加除式の『注釈地方自治法』（第一法規）（斎藤誠執筆）は、規定対象事項が長の権限に属する事務分掌についてのものであることから、「条例の発案権は、長に属する」とする。賛成である。これは住民自治の問題ではなく組織自治の問題である。それゆえに組織が提案権を独占すると考えるべきであろう。第一文が基本であり、その決め方を第二文によって条例と指定したのである。議会も条例提案権を持つではないかという議論が議員からされることがあるが、それでは議会の委員会や議会事務局の組織について長が提案権を持つと考えるのだろうか。

課についての条例　現行法は、都道府県は局について条例で規定しなければならないとする。この点に関して、民主的統制を重視する知事が、課についても条例で決めると提案することは提案権の逸脱だろうか。

条例は直近下位組織のみ規定できるというのは強行規定であると解せるかどうかであるが、そうはいえないだろう。長の提案であるかぎり、局課設置条例とするのも妨げられない。しかし、比較的頻繁に名称が変更されたり統合がされたりする課について条例事項にするのは現実的ではないから、そうした条例は提案されないだろう。

「局」の持つ意味　ところで、直近下位組織の決定をなぜ条例事項としたのだろうか。県における局のあり方は、県政の方向性を決定する重要事項という認識だろうか。そうであるとしても、なぜ地方自治法が規定するのだろうか。これは住民自治であり、自治体の裁量に任せてよいのではないだろうか。二元代表制における民主的統制というような説明は可能であるが、何となくしっくりこない。以前から条例で規定されているのでそれを追認したのであるが、もう一歩踏み込むべきであった。

11 人力と制度力
——反対運動のサステナビリティ

絶対反対！　のんびりとした平穏なコミュニティに、突如として、開発計画が持ちあがる。産業廃棄物処分場かもしれないし、高層マンションかもしれない。それが「招かざる客」である場合、当然のごとく、反対運動が発生する。よくある風景である。

そうした運動は、自治体内部において、「跳ねあがり一部住民のわがまま」というわけでもなく、「自治体あげての反対」であることがある。長および議会を巻き込んで、「打って一丸」状態になっている場合である。

同調する長　反対は、自治体全体の意思であるとすると、自治体の代表者である長が、当該計画をたてている事業者と直接交渉をして、翻意を促すのが最初のプロセスであろう。その政治的意思を明確にするために、署名・押印のある「全戸不同意書」が調達されるかもしれない。再選を目指す長としては、本音はさておき、ほとんどの住民が反対しているイシューについて、「自分はそうでもない」という意思を表明するわけにはいかない。そこで、「反対運動を頑張ってやってください」「皆さんの活動は私の活力です」というようなコメントがされるだろう。

制度に働いてもらう　反対運動を進める住民にとっては、それはそれで力強い支援であるが、長は政治家であり、政治家である以上は個人的な政治的判断をする。また、反対運動には相当のエネルギーを要するから、シルバー世代中心の運動がいつまでも持続するわけでもない。次世代に託すといっても、次世代はあてに

はならない。そんな活動を運命づけられる自治体に転入しようという外部者はいない。そこで、人力を制度力に転換し、反対運動を進める側が制度の運用をみまもるという発想が必要になる。運動をサステナブルにしなければならない。

条例による制度化　その制度とは、条例である。自治体の法的ルールであり、だれに対しても効力がある。反対が自治体全体の意思であるのであれば、条例によってそれを制度化し、自分たちが雇っている行政職員というプロにその運用を委ねるべきであろう。

条例の限界　もっとも、条例といっても、何でもできるわけではない。開発予定者の財産権を規制するとしても、その程度は、何を守りたいのかという保護法益に比例して、大きくもなり小さくもなる。反対運動を進める住民の発想のひとつに、「住民の同意がないかぎりは事業ができないようにしたい」というものがあるが、制度としては、それは無理である。やめさせようとすれば、事業予定地を住民が買収するほかはない。しかし、相手方にも、「売らない自由」はある。

難しい狙い撃ち　また、条例である以上、それは基本的には汎用性のある仕組みであって、特定の事業を明らかに狙い撃ちしたような内容になるのでは、訴訟になった際に、その合理性が問題になる。そこで、法技術的には、当該事業を取り込むような規制対象カテゴリーを設けて、それに関する規制の仕組みをつくる必要がある。その仕組みは、事業者が頑張ればクリアできるような基準を持つものでなければならない。立地の完全否定は難しい。規制対象になったものの条例上の評価を、個別にするほかはない。

立場を「公」にする　反対運動をしている住民は、何といっても「熱い」から、運動をすることそれ自体が事業の阻止につながると考える傾向がある。しかし、そうであるかぎりにおいて、事業者との関係は、「私対私」である。そうである以上、相手方には、拒否する事由がある。契約の締結を強制できないのと同じである。

自分たちの思いは、条例という手段を通じて、「公」にする必要がある。「私対私」を「公対私」にする。人力を制度力に高めるのである。自分で自分を守るのではなく、制度に守らせる。自分たちが最前線で体を張るのは一休みし、行政によるその仕組みの適切な運用を監視・支援すればよい。

しかし、「公」とする以上、その内容はいろいろな制約にも服する。その制約をいかにしてクリアするのか。事業者が訴訟を提起した際に、裁判所に、「もっともだ」といわせる内容にいかにするのか。相当に法技術的ではあるが、コストを払って超えなければならないハードルである。

第Ⅲ部　行政の実効性確保

12 実務がお好きな民法規定
——行政による事務管理

行政法学は無関心？　行政法テキストの巻末索引を調べても、「事務管理」というキーワードに出合うことはない。行政作用において、この概念が問題になることはないという現実の裏返しなのだろうか。しかし、自治体行政現場ではそうでもない。少し考えてみよう。

民法六九七条　民法六九七条一項は、「義務なく他人のために事務の管理を始めた者（以下……「管理者」という。）は、その事務の性質に従い、最も本人の利益に適合する方法によって、その事務の管理（以下「事務管理」という。）をしなければならない。」と規定する。民法テキストにある典型的な場面は、隣家の留守中に台風が来て瓦が飛ばされたため業者に頼んで修繕工事をしてもらったときの費用を請求するというものである。事務管理が成立するための要件としては、一般に、①他人の事務であること、②事務管理意思を持つこと、③法律上の義務がないこと、④本人意思・利益に適合すること、が指摘されている。

足立区のケース　足立区は、二〇一〇年に、壁面が路上に崩落した空き家に対して、暴風雨で飛散しない

ような最小限の工事を行ったところ、これを事務管理と構成し、その費用の一部を所有者に請求したことがある。請求に対しては、任意で支払いがなされた。

要件のうち、①②④は充足されるかと思うが、③はどうだろうか。区には、所有者との関係での義務はないが、建材の飛散により通行人に被害が及ぶことを防止する義務はありそうである。道路について通常有すべき安全性を確保する公物管理権限から派生する義務である。三極関係が問題となるのであり、民法の事務管理が前提とする法律関係とは異なっている。所有者の工作物責任を回避してやる法的義務は行政にはないと構成するのだろうか。

箕面市のケース　箕面市は、二〇一二年に、「災害時における特別対応に関する条例」を制定した。その中に、次のような規定がある。「市長は、災害救助法に基づく大阪府知事による救助が遅きに失すると認める場合は、自ら救助を行うことができる。この場合において、市長は、当該救助に要した費用の支弁を大阪府に求めるものとする」（一七条二項）。本来は府の事務としてされるべきものを市が代わって実施し、費用を請求するのである。同市は、これを事務管理と構成している。

これも三極関係が問題になる事例である。①〜④については、すべて充足しているようにみえるが、そもそも行政主体同士の間で、一方の法律上の義務に関して事務管理が成立するものだろうか。救助の内容には、侵害的なものはない。しかし、救助実施に当たって、災害救助法は、府知事に、救助従事指示、救助協力命令、物資収用、立入検査をすることができる旨を規定する。それをしない範囲の事実行為のみを管理者として行うということだろうか。法治主義との関係で問題はないのだろうか。

事務管理は成立するか？　気づかれない論点ではあるが、自治体行政現場では、事務管理の規定を権限行使の根拠として位置づける理解が相当広まっているように感じる。民法六九七条の行政活動への適用について、自治体政策法務論としても、踏み込んだ分析と整理をする必要があるように感じている。

13 勝手にやっても知りません！
――行政に対する事務管理

事務管理不成立説　行政が一定の行為を民法六九七条にいう事務管理と位置づけたうえで実施するという実務がある。根拠規範として用いるのである。しかし、私は、事務管理は成立しないと考えている。その理由は、「行政による事務管理」『自治研究』九一巻三～五号（二〇一五年）で論じておいた。

攻守逆転！　ところで、最近、それとは逆に、行政の事務について私人が事務管理をしたとして費用請求がされた事件に接した。行政は、攻める側ではなく守る側になったのである。この事件および裁判所の判断を紹介しよう。「行政に対する事務管理」である。

自主的草刈り　ある池で貸しボート業を営む原告は、池の周囲に雑草が一定程度生い茂っていたことから、除草や立ち朽ち木の処分をしていた。そこで、原告は、地元市が同池を所有・管理しているとし、管理権原・権限のある同市を被告に、作業に要した費用一二〇万円を事務管理費用として請求したのである。

請求棄却とその理由　第一審裁判所は、大要次のように述べて請求を棄却した（京都地判平成二七年三月三〇日判例集未登載）。事務管理が成立するには、他人のために事務管理を開始した時点で本人の意思に反しないことが必要であるが（民法七〇〇条但書）、自治体が公費をどのような事務に用いるかは自治体の専権であり、支出にあたっては法令上の厳格な手続が定められていることに鑑みれば、自治体に対して事務管理を主張する場合、「本人の意思に反しないこと」という法定要件の充足は、純粋な私人間における事務管理に比べて一層強

く要請される。原告において事前に契約を締結することなく本件作業をすることが、被告の意思および利益に適合することが明白であるといえる特別の事情はない。原告は、作業開始後に遅滞なく被告に通知もしていない（民法六九九条）。「勝手にやっても知りません」というわけである。被告側反論を大幅に取り入れた判示である。

適正管理の必要性は高い　この判決を少し考えてみよう。この池は地元市の管理する公の営造物であるとする。実は、この池は、「古都における歴史的風土の保存に関する特別措置法」（古都保存法）のもとで歴史的風土特別保存地区に指定されている。このため、景観を良好に保持する必要性は高いといわなければならない。この点、判決が、行政の裁量が大きいという一般論をそのまま本件に適用している点は適切ではないと思う。

権限行使が義務的であれば…　また、この判決の論理だと、「本人の意思」すなわち行政の意思が社会通念に照らして明白であるような場合には、費用支出に関する裁量も狭くなりそうである。たとえば、市道脇の無人老朽空き家の瓦が少しずつずれて市道上に落下し始めたような場合において、危ないと感じた周辺住民Xが業者に委託してずり落ちそうな状態で屋根に残っていた瓦二〇枚を敷地内におろした。そのあとでXは、市役所に連絡したとしよう。

この民家が道路法上の指定区域内に立地していれば、道路管理者としての市には、道路交通への危険防止のために当該空き家の管理者に対して措置命令を出すことができるし（道路法四四条四項）、受命者を過失なく確知できないときには市長自ら略式代執行をすることができる（同法七一条三項）。道路法のこうした仕組みを前提にすれば、上記設例の場合には、Xのなした行為は道路管理者としての市の意思に反するとはいえず、事務管理要件を充足するから、合理的支出の範囲内で費用償還請求が認められるのではないだろうか。

事務管理は成立しうる？　判決は、行政に対する事務管理においては本人意思に反しないという要件は純粋私人間の事務管理の場合よりも一層強く要請されるという。しかし、先にみたように、行政の意思も無制約ではない。法律による行政なのであって、根拠法を踏まえた行政意思なのである。根拠法は、法律の場合もあるし条例の場合もある。根拠法の保護法益や規制の仕組み次第では、私人が勝手にやっているのではなく行政の代替執行をしていると評価される場合も出てこよう。

「まずは連絡を」　本件に関するかぎり、判決の結論は適切だと思うが、行政権限行使のあり方について、少し考えさせられた。行政としては、設置管理者を現場で明示し、管理に問題があるような状態であれば連絡をしてもらうよう措置しておくべきであろう。行政リソースの制約はあるから、それを踏まえて、関係者で協議して、適切な管理方法を考えればよい。

14 二度目の過料の適法性
――禁止命令の履行確保措置の運用

罰則としての過料　条例による一般的な義務づけに違反した者に対して発出された当該行為禁止命令に違反した場合に、過料を科す規定が設けられることがある。地方自治法一四条三項は、条例のなかに、「五万円以下の過料を科する旨の規定を設けることができる。」と規定している。

京都市客引き禁止条例　さて、二〇一五年二月に制定された「京都市客引き行為等の禁止等に関する条例」である。同条例は、「何人も、客引き行為等禁止区域において客引き行為等を行い、又は行わせてはならない。」（九条）と規定し、違反者に対して、市長は中止の指導や勧告ができる。そして、「市長は、……勧告を受けた者が当該勧告に従わないときは、その者に対し、当該勧告に係る行為をしてはならない旨を命じることができる。」（一一条）。さらに、「市長は、前条の規定による命令を受けた者が当該命令を受けた日から別に定める期間を経過した日（……「経過日」……）以後に当該命令に違反したときは、次に掲げる事項を公表することができる。」（一二条柱書き）としている。命令の発効にあたって、一定の猶予期間（五日）を設けているのである。そのほか、受命者が経過日以降に命令違反をした場合には、五万円以下の過料に処される（二〇条一号）。

二度目の命令違反　さて、受命者が経過日以降に命令違反行為をして過料を科されたとする。同者が一週間後に同じことをした場合、はたして過料を科せるだろうか。一年後ではどうだろうか。命令には、効力の終期が明示されていないものとする。

いくつかの論点　論点としては、同じ命令の違反に対して二度処罰をされるのは二重処罰禁止になるか、履行があるまで継続的に処罰されるとなると、機能としては秩序罰としての過料ではなく執行罰としての過料になるから、行政代執行法一条により法律の根拠を要するのではないか、という点があげられている。少し考えてみよう。

違反の数　まず、違反の個数である。作為にせよ不作為にせよ、なにごとかを命ずる命令は、附款として期限が付されていないかぎり、直ちにそれをすることを求めていると解するのが合理的である。京都市条例は、経過日以降に命令が発効するという興味深い仕組みであるが、同日以降の不履行に関しては、観念的には、すべての瞬間に別個の義務違反が成立する。命令はひとつであるが、違反は複数独立であり、同じ行為を二度罰するわけではないから、二重処罰は問題にならない。

執行罰か？　次に、執行罰かどうかである。執行罰とは、「義務の不履行に対して、一定額の過料を課すことを通告して間接的に義務の履行を促し、なお義務を履行しないときに、これを強制的に徴収する義務履行確保の制度」と説明される（塩野宏『行政法Ⅰ〔第六版〕行政法総論』（有斐閣、二〇一五年）二六二頁）。唯一の制度例とされる砂防法三六条は、「私人ニ於テ此ノ法律若ハ此ノ法律ニ基キテ発スル命令ニ依ル義務ヲ怠ルトキハ国土交通大臣若ハ都道府県知事ハ一定ノ期限ヲ示シ若シ期限内ニ履行セサルトキ若ハ之ヲ履行スルモ不充分ナルトキハ五百円以内ニ於テ指定シタル過料ニ処スルコトヲ予告シテ其ノ履行ヲ命スルコトヲ得」と規定する。

秩序罰か？　秩序罰としての過料は、ひとつの義務違反に対して反復継続的に科すものではない。歩行喫煙禁止区域で今日と明日とあわせて二度の義務違反をすれば、それぞれの義務違反に対して科される。対象となるのは、違反している事実である。設例の場合もこれと同じである。命令の履行という義務があるまで繰り返し科すようにみえるけれども、運用上そのようにみえるだけであって、それゆえに条例に規定する過料の性質が変わるわけではない。

命令の効力　なお、命令の一年後に違反があった場合に、命令違反として過料を科すという運用には、違和感がある。命令による義務づけは、条例にもとづく直接的かつ一般的義務づけではなく、個別的なものである。また、前述のように、直ちに従うことが求められるものである。そうであるとすれば、中止命令により行為が止まっていることが確認できれば、命令の前提を欠くとしてこれを撤回すべきであろう。法治主義に照らせば、命令の原因となった事情との関係で、一定期間経過後は自動失効すると解すべきように思う。

15 ロックを壊せ!?
――児童虐待防止法と臨検

「臨検」＋「錠をはずし」　総務省の「法令データ提供システム」の法令用語検索で「臨検」を入力すると、「児童虐待の防止に関する法律」（児童虐待防止法）など合計一六法がヒットする。さらにそこに、「錠をはずし」を加えると、同法以外には、関税法、金融商品取引法、などがあるのみである。

虐待防止関係法といえば、そのほかにも「配偶者からの暴力の防止及び被害者の保護等に関する法律」（DV防止法）や「高齢者虐待の防止、高齢者の養護者に対する支援等に関する法律」（高齢者虐待防止法）があるが、そこには「臨検」は規定されていない。また、関税法などとは異なって、自治体職員に権限を認める点でも、児童虐待防止法は特異である。

実力行使！　児童虐待防止法は、臨検に関して、一三か条にわたる規定を設けている（九条の三〜一〇条の六）。同法のもとでは、児童虐待が疑われる保護者が出頭要請に応じない場合に、裁判官の臨検・捜索許可状を得て、居宅を臨検することができる。同法は、慎重にも種々の手続を規定するが、行政職員が行う臨検として驚くのは、「児童の福祉に関する事務に従事する職員は、第九条の三第一項の規定による臨検又は捜索をするに当たって必要があるときは、錠をはずし、その他必要な処分をすることができる。」（九条の七）という規定である。施錠など、相手はそれなりの抵抗をしているのであるから、当然に、鍵を壊して居宅内部に入る権限が与えられている。それにあたって、知事は、警察署長に援助要請ができる（一〇条一項）。

改正法による対応強化　従来も、出頭要求や再出頭要求などは規定され実施されていたが、それ以上には規定されていなかった。結果的に、拒否し続ければ逃げられるという事態になっていたのである。あくまで子どもの安否確認と保護のため、親権を有する保護者の物理的抵抗を想定しての規定である。同法の二〇〇七年改正で導入された仕組みである。

現場をのぞくと　現実の利用例もある。高橋幸成「警察と児童相談所」町野朔＋岩瀬徹（編）『児童虐待の防止：児童と家庭、児童相談所と家庭裁判所』（有斐閣、二〇一二年）二三六頁以下は、二〇〇八～二〇一〇年度における五事例を紹介する。

その一例をみると、「許可状交付後、合鍵により開錠し、アームロックを切断。警察の援助のもと臨検・捜索を実施。職権による一時保護後、強制措置のため家庭裁判所へ申し立て。」とある。これをみると、開錠や切断という行為をしたのは、自治体職員であるようにもみえる。あるいは、業者に委託したのだろうか。

権限行使の限界事例　行政が行う措置としては、きわめて異例である。「出頭の求めに応じない場合において、児童虐待が行われている疑いがあるときは」（九条の三第一項）というかなり限界的な状況のもとで認められるものである。「疑い」の認定を誤れば、児童の生命にもかかわる。相当に緊張した空気のなかでの判断となるのだろう。

ところで、要件にもあるように、許可状を得ての臨検制度の前提には、出頭を求めるべき保護者が判明していることがある。裁判所の判断を介在させる慎重さをとっている制度であるから、出頭要請を公示送達するわけにもいかないのだろう。

警察官の対応　このほか、児童虐待が疑われる事案においては、警察官職務執行法六条一項にもとづいて、警察官が立入りをする場合もある。前出の高橋論文には、保護者が児童に対するネグレクトを継続しており、児童の身体に危険が切迫していると判断されたため、警察官がマンションの隣室からベランダの隔壁を破壊して室内に入って、栄養失調状態の児童を発見保護した事例が紹介されている。

古語復活！　臨検（現場に臨んで検査する）という古風な表現は、一九四七年制定の食品衛生法に残っている程度であった。児童虐待防止法が二〇〇〇年に制定された際には、立入調査等だけがあった（忌避に対する制裁はなし）。二〇〇七年改正にあたり、それに加えて「復活」した臨検制度。行政法のなかでも注目すべき仕組みである。

16 思わぬリンケージ
——東京消防庁の違反対象物公表制度

実名をさらす　東京消防庁のウェブサイトをみると、トップページに、「公表・報告」というバナーがある。それをクリックして、さらに「建物の安全」→「公表情報」→「公表されている違反対象物一覧」と進むと、そこには全国でもめずらしい興味深い実務が確認できる。「違反対象物の公表制度」である。

根拠は、東京都火災予防条例六四条の三第一項である。同項は、「消防総監は、防火対象物の設備、管理等の状況が法令及びこの条例の規定に違反する場合は、都民が当該防火対象物を利用する際の判断に資するため、その旨を公表することができる。」と規定する。要するに、消防法令に違反している防火対象物の情報を都民に提供するというのである。

目もくらむような違反件数　消防法令の違反には、スプリンクラー未設置から防火管理者未選任のようなものまで、様々なレベルのものがある。消防の査察行政においては、立入検査をして違反が確認されれば、主として行政指導を通じて違反の是正を実現するのであるが、何しろ対象物は多い。消防用設備（ハード）であれば設置すればよいけれども、防火管理業務（ソフト）の場合には、テナントがかわると違反が発生しやすい。避難施設避難障害などは、すぐに是正できるが、すぐに違反状態に戻る。高円寺駅南のアーケード商店街の雑居ビルにある居酒屋火災（二〇〇九年一一月二二日発生、死者四名、負傷者一二名）の後に実施された一斉査察においては、対象物の何と九〇％以上において、何らかの違反が発見された。

是正するまで削除しない　そこで、東京消防庁は、知恵をしぼった。情報を利用し、マーケットの力を借りて違反是正を実現しようとしたのである。それが、違反情報の公開である。指摘された違反が一定期間以内に是正されないと認められる場合には、対象物の名称や場所、違反項目などをウェブサイトにアップするのである。是正が確認できれば、削除される。

効果やいかに？　違反情報を公開するのは、見方によっては、査察行政の怠慢を公表しているようなものである。そうであるがゆえに、庁内ではいろいろ議論があっただろうが、対象物に対して厳しいだけでなく、消防組織に対しても厳しい対応であり、行政の実効性を考えるうえで興味深い。実施後は、違反是正に要する期間が短縮される傾向にあるというから、それなりの効果があがっているのだろう。

仲良く並んで　ところで、おもしろいことに気づいた。東京消防庁のウェブサイトで公表されている施設をググったところ、その施設のすぐ近くに、「違反対象物一覧表」があがっていたのである（是正されたのか、現在はアップされていない）。施設は福祉系であったが、そのウェブサイトには「安心」という言葉が多く記されている。ところが、その施設は、自動火災報知設備未設置なのである。これを併せて考えると、「入所させたら火事で死亡するかもしれないが、それをも含めて安心してください」というブラックジョークのような世界にもなる。「温かい」という言葉も多いが、万が一のときには、熱くなる。また、施設のウェブサイトには、取引先金融機関の記載がある。大手都市銀行の名前が、誇らしく書いてある。

マスコミが気づいたら　かりに、週刊誌が、私と同じことをすべての対象物について行えばどうだろうか。「大手銀行、ブラック企業に融資の実態」というような見出しの記事がすぐにつくれるだろう。そうなると、東京消防庁の行政指導よりも数倍効果がある対応がされ、即座に是正は実現するのではないだろうか。あるいは、銀行は融資を引き上げることになるかもしれない。そうなると、倒産の可能性もある。情報を利用する実効性確保制度は注目されているが、行政が効果を制御できないところに、難しさがある。

情報のおそろしさ　東京消防庁は、制度設計をした際に、こうした展開の可能性を考えたわけではないだろう。情報という手法の有用性に着目したのであるが、その潜在的な威力にまで思いが及ばなかったのではないか。しかし、そうしたことがありうるとしても、この制度は継続してもらいたい。利用者の生命を犠牲にして利益を上げるのは許されないからである。

17 課金を合理化するロジック

――「道路無料公開原則」の例外

異なる切れ味　比例原則や平等原則といえば、それぞれ憲法一三条や一四条に法的根拠を持つ法規範である。それに違反する行為には、「違法」というラベルが貼られる。切れ味のよいルールである。

これに対して、「原則」という文言は使うにしても、その法的意味が必ずしも明確ではないものも少なからずある。環境法の分野でいえば、汚染者支払原則（Polluter-Pays-Principle、ＰＰＰ）がある。広く参照されるけれども、これは法規範ではなく、せいぜい考え方にとどまる。法政策の誘導指針にはなるが、これに反する行為に違法というラベルが貼られることはない。また、ＰＰＰの実現度合いには様々な方法があるのであり、ＰＰＰに反して違法な政策という整理はありえない。

道路政策の場合　道路行政の分野でこれに似たものを探せば、「道路無料公開の原則」がある。道路法令研究会（編著）『道路法解説（改訂四版）』（大成出版社、二〇〇七年）一四三頁には、「従来より、道路法の道路については、いわゆる「道路無料公開の原則」のもとに、法律上特別の規定がなければその利用について料金を徴収することができないものと解されて〔いる〕」という記述がある。また、同書一四九頁は、「道路は国家・社会における諸活動に不可欠な基盤を提供するものであり、公共財の最も典型的なものとして、その建設管理は国又は地方公共団体の責任に属し、一般財源（税収）を充当して行われるべきものである。この思想から、道路は無料で一般交通の用に供されるのが原則とされる。」とも説明する。

公共財の利用方式　これらはいずれも、道路法二四条の二および二五条に規定される道路や橋の有料利用（一種の受益者負担）について説明する箇所の記述である。要するに、道路法のもとでは、公共財である道路は何人にも開放されたものであるから有料利用が可能になるのはとくに同法が規定する場合に限定されると整理し、原則的場合について、「道路無料公開の原則」なる用語をあてているのである。

大臣答弁での使用例　第一回からの国会会議録の政府答弁を検索すると、一か所にこの言葉が出てくる。これも、高速道路の有料制を肯定する文脈である。答弁者は、瀬戸山三男建設大臣である。「道路は無料であるのが一番望ましいと思います。一般にいわれておりまます道路無料公開の原則とかいわれておることばがございますが、これは一番望ましい」（第五一回国会参議院建設委員会会議録二二号（一九六六年六月二一日）八頁）という。

判決での使用例　裁判例のなかにも、「道路の通行については、……道路無料公開の原則が存在する。これは、道路が人の移動、物資の運搬等に必要不可欠な存在で、国民の生活、経済に極めて重要な施設であるため、高度の公共性を有するものであることに、その根拠があると考えられる。」と判示するものがある（福岡地判平成五年三月一八日判タ八二六号二六三頁）。

現実の描写　このように、「道路無料公開の原則」は、公共財ゆえに、「原則として」道路利用を有料としないという「実態」ないし「政策」を示す用語である。有料にしてはならないという「法規範」ではない。

問われる合理性　道路法の上記規定や道路整備特別措置法は、この「原則」の例外を規定する。したがって、「道路無料公開の原則があるから道路の有料化はできない」という整理は正確ではない。問題は、原則の例外を設ける道路政策に合理性があるかどうかである。

有料道路の設置管理について定める道路整備特別措置法は、そうした道路一般について、この原則の例外を認めたものである。規模は小さいが、道路法二四条の二および二五条もそうであろう。

自治体ロードプライシングの可能性

それでは、市が、その設置管理にかかる市道について、交通渋滞の緩和を目的に、区域や時間を限定して車両の通行に課金をする（負担したくない人には通行を諦めさせる）ことは、現在における道路法の解釈として許されるだろうか。ロードプライシングである。二五条のような明文規定がない場合に、別途、道路法の実施条例を制定して実施される政策である。移動の自由の制約ということになれば、いささか大上段であるが、憲法一三条の幸福追求権も問題になりうる。

なかなか難しい。一定割合の運転者が金額ゆえに通行を諦めなければ政策の効果があらわれない。あくまで通行したければ、徒歩か路線バスか制度の適用がない自転車によるしかない。諦めた人の犠牲の上に支払った人の便益が発生する。渋滞のない状態を金で買ったことになる。域内居住者とそれ以外の料金に差を設けるか。

円滑な通行があってはじめて道路の効用が発揮されるとすれば、必要最小限の範囲で、通行に制約を加える措置を道路法は否定していないと解しうる。解しうるが、比例原則や平等原則という法原則に適合する仕組みの法制度設計は、案外に難題である。

第Ⅳ部 行政代執行の諸相

18 学界の常識は現場の非常識?
――空家法のもとで活用される代執行

抜けない宝刀　行政代執行は、現場行政においてはまず選択されない手段であり、「さびついた伝家の宝刀」となっていることは、いわば「学界の常識」であった。ところが、それを覆すような執行実態が展開されている。空家法にもとづく代執行および略式代執行である。

代執行の積極的な実施　二〇一五年五月二六日に空家法が全面施行されて以降、二〇一七年一〇月一日までの間に、特定空家等に対する六〇件の実施例（代執行一三件・略式代執行四七件）がある。わずか二年半の間に、人口規模を問わず、市町村が果敢に権限行使をしているのである。不行使理由のテッパンである「経験ない」「費用ない」「ヤル気ない」の「三ない理由」はどこへ行ってしまったのか。まるで別世界のようである。

一体、行政現場では何が起こっているのだろうか。本格的な実証研究は他日を期すとして、いくつかのヒアリングを踏まえ、積極的な権限行使が「される理由」を、順不同で考えてみよう。

長の認識　第一は、市町村長の認識である。回収の見込みが必ずしもない公金を使用するのは、たしかに

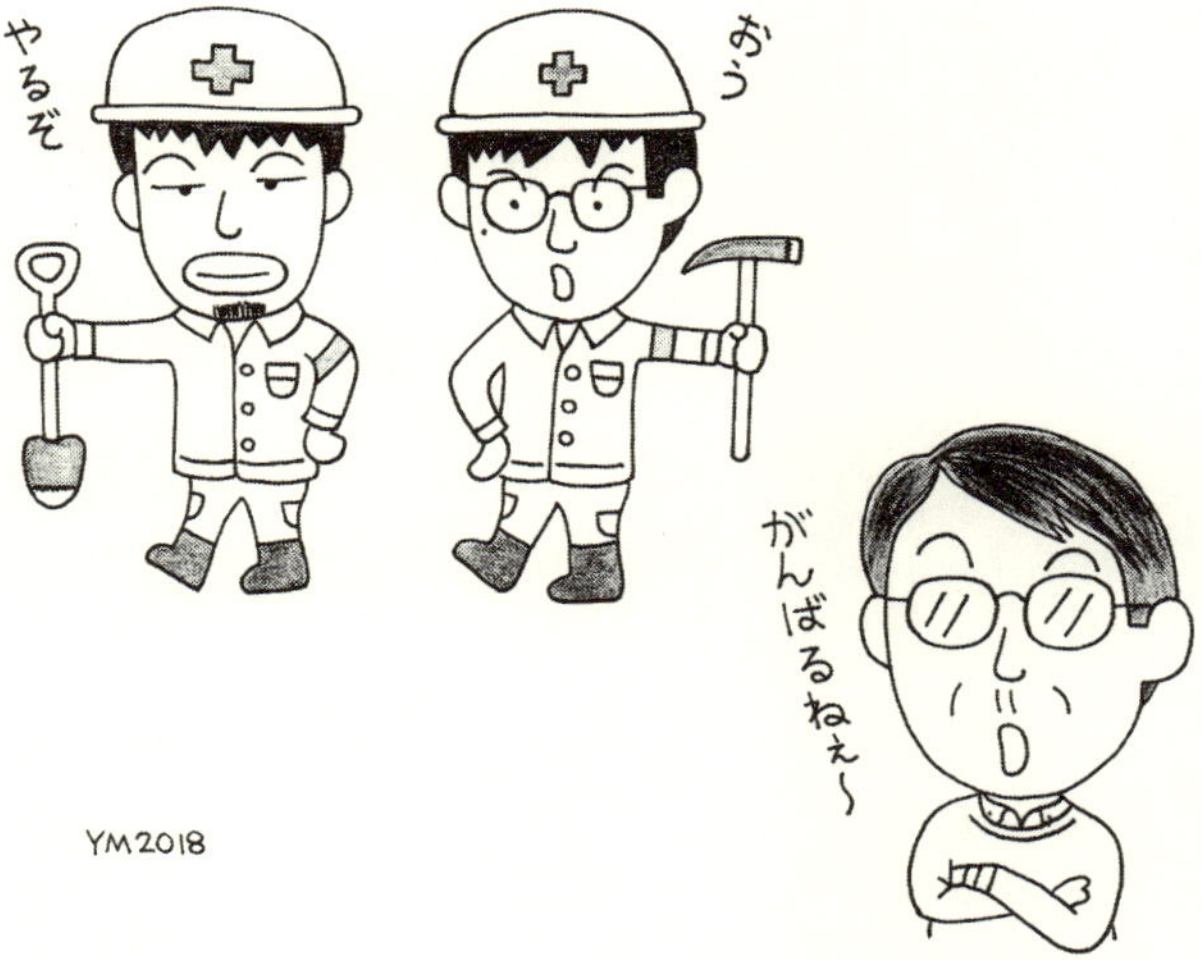

躊躇されるが、トップの理解が深いことは、行政決定の方向性を決する最大の要因といってよいだろう。

ガイドラインの存在　第二に、特定空家等と判断するための基準について、国が一応のガイドラインを示していた。「著しく保安上危険となるおそれ」という不確定多義概念だけでは、行政現場は途方に暮れてしまうであろう。もっとも、一見して危険とわかる状態のものであるため、点数化した基準に照らしての評価は不要であり、構造の専門家がいない自治体でも判断は可能である。

現実の危険性　第三は、当該特定空家等に起因する危険性の程度である。一般の通行の用に供されている道路への倒壊が現実に懸念されるような場合には、特定空家等に対する直接的措置以外にはありえない。生活環境への支障とは次元が違う。権限を行使せずにいて被害が発生すれば、市町村は確実に国家賠償責任を負うだろう。景観支障程度では支出を渋る財政部局も、人命にかかわるとなれば、話は別になる。一方、隣地のみに被害が及ぶ場合の判断は難しい。

都道府県のサポート　第四は、国や都道府県の技術的・財政的サポートである。空家法の解釈を自主的にすることに自信が持てない場合には、とりわけ都道府県の「お墨付き」をもらえれば安心である。また、財政的にも、国や都道府県の補助金が期待できるとなれば、実施決断にあたってのハードルが、少しは低くなる。

不行使の前例がない　第五は、空家法は新しい法律であり、「権限が行使されたことがない」という事実がない点である。宝刀がさびついて鞘から抜けないような状況にはない。また、空家法に先立って制定された独立条例としての空き家条例のもとで、大仙市や長岡市などのように行政代執行がされた例が数件あったことも、影響があるだろう。法的根拠は別にして、「老朽危険空き家に対しては、行政代執行もありうるのだ」という認識がされていた。

低い争訟可能性　第六は、略式代執行についてあてはまるが、固定資産税の課税情報も踏まえてそれなりの調査を経た結果、そもそも義務者不明という状況にあるため、争訟になる可能性が少ないこともある。義務者が後日に判明し、略式代執行を違法だと主張しても、調査が適正にされている以上は、裁判所は違法性を認めないだろう。

財政的裏づけ　第七は、予算調達のめどがあることである。回収は無理だとしても、代執行作業を担当する業者への支払いはしなければならない。予備費になるのか補正予算を組むのかは別にして、それが可能でなければ、まさに「ない袖は振れない」。

限定された対象　第八は、対象数が限定していることである。ひとつに対応すると相当数に対応しなければならないような状況であれば、やはり腰は重くなる。次のランクのグループとの距離の意味は大きい。

住民や議会の理解　第九は、代執行事例がテレビや新聞で積極的に報道されることにより、住民や議会の理解が高まっている点である。これは、決断にあたっての追い風になる。

さて、どれくらいの説明力があるだろうか。空家法のもとでの代執行実績は、行政指導に過剰依存するという日本の行政執行過程の特徴に関する認識に大きな修正を求めている。さらに、調査を続けたい。

19 行政代執行法二条の公益要件を考える
——飯田市空家等適正管理条例九条を素材として

条例のもとでの代執行

法律とはリンクしない独立条例に規定される代替的作為義務の強制執行にあたっては、行政代執行法が適用できる。なぜそう考えられるのかの解釈論はさておいて、これを前提に話を進める。行政代執行法二条は、条例にもとづき発出された代替的作為義務について、「……義務者がこれを履行しない場合、他の手段によつてその履行を確保することが困難であり、且つその不履行を放置することが著しく公益に反すると認められるときは、当該行政庁は、自ら義務者のなすべき行為をなし、又は第三者をしてこれをなさしめ、その費用を義務者から徴収することができる。」（傍線筆者）と規定する。傍線部は、公益要件とよばれる。

緩和代執行

個別法律で行政代執行の要件が規定される場合があるが、その際に、公益要件がないことがある。たとえば、空家法一四条九項は、市町村長が除却を命じた場合において、「……その措置を命ぜられた者がその措置を履行しないとき、履行しても十分でないとき又は履行しても同項の期限までに完了する見込みがないときは、行政代執行法……の定めるところに従い、自ら義務者のなすべき行為をし、又は第三者をしてこれをさせることができる。」と規定する。公益要件を緩和していることから、緩和代執行とよばれる。

緩和代執行は、行政代執行法の要件の一部適用除外をするものであることから、同法との関係では特別法的措置であり、それゆえ法律によってのみこれを規定することができると解されてきたように思われる。ところが、空き家条例のなかで、空家法に対して横出しした適用対象・適用場面に関する措置のなかで、緩和代執行を規定したようにみえるものが出てきた。その例が、「飯田市空家等の適正な管理及び活用に関する条例」である。

飯田市条例の「軽微な措置」　飯田市条例九条は、「軽微な措置」という見出しのもとに、次のような措置を規定する。市長は、空家法二条二項にいう特定空家等、および、それに準ずる状況にある準特定空家等（以上を「空家等」という。）に関して、①開放窓その他の開口部の閉鎖、②開放門扉の閉鎖、③草刈りなどの軽微な措置を命ずることができる（一項）。そして、「……当該命令を受けた者が当該命令に係る軽微な措置を履行しないとき、履行しても十分でないとき、又は履行しても同項に規定する期限までに完了する見込みがないときは、行政代執行法……の定めるところにより、自ら当該軽微な措置を講じることができる。」のである（二項）。空き家条例は独立条例であるが、そのなかで、横出し的対応である軽微な措置として、緩和代執行を規定している。

四つの解釈の可能性　空家法には、そのようなことが条例でできるとする規定はない。これは、飯田市が、独立条例により創設的に規定したものである。法律に規定がなければできないと実務的に解されてきたのではあるが、同市は、どのような解釈でこれを適法と考えたのだろうか。四つの可能性がある。

「不履行＝著しく公益に反する」　第一は、軽微措置命令の不履行等の状態は必然的に著しく公益に反するものであると定型的にとらえる解釈である。そうなれば、公益要件を独立して取り扱う意味はなくなる。ただ、空家等の窓が開放され門扉が閉鎖されておらず雑草が繁茂している状態において発出された軽微措置命令が履行されないことが、条例の「健全で快適な生活環境の保全」（一条）という保護法益に照らして著しく公益に反するとまで直ちにいえるのかどうか、疑問がないではない。

効果裁量への吸収　第二は、下線部は行政代執行法二条の効果裁量の判断のなかに吸収されると解するものである。この解釈も、傍線部に固有の意味を見出さない。しかし、第一の解釈と同様、「且つ」と対等的連結となっている文言に積極的意味を見出さない解釈は、少々苦しいといわざるをえない。

公益要件の読込み　第三は、条例の「行政代執行法……の定めるところにより」という箇所は、同法の公益要件も含むと解するものである。条例には、公益要件を規定するものも多いが、第三の立場によれば、それは創設的に規定したことになる。しかし、そのように解するのは無理であろう。

行政代執行法の準用　第四は、独立条例の行政代執行については、憲法九二条を踏まえて一般的には行政代執行法が解釈上準用されると考え、特別法的に条例で規定することにより、緩和代執行も可能になると解するものである。この立場ならば、略式代執行を規定することも可能になる。

飯田市はどの立場だろうか。あるいは、私には思いもよらない考え方なのだろうか。興味津々である。

20 行政代執行の忘れ物？
——打設した鋼矢板の末路

生活環境回復措置　産業廃棄物不法投棄事件において、生活環境への支障を防ぐために、「廃棄物の処理及び清掃に関する法律」（廃棄物処理法）のもとでの行政代執行の一環として、不法投棄地と隣地との間に鋼矢板を打設することがある。有害物質の場外への流出を遮断したうえで、投棄された産業廃棄物の搬出や土壌の浄化などの原状回復措置を講じるのである。

後始末の方法　作業が一五年で終了したとしよう。その土地には、打設された鋼矢板が残されている。この処理をどのように考えればよいだろうか。投棄された土地の所有者には当該不法投棄に関する落ち度がなく、まったくの被害者の場合を想定する。土地所有者としては、これを撤去してもらいたい。

最後までヤレ！　第一は、鋼矢板の打設は行政代執行のひとつのプロセスであるから、産業廃棄物の搬出や土壌の浄化が終了してもまだ行政代執行は終了しておらず、行政の責任で撤去しなければならないという整理である。したがって、終了後も残されているのであれば、土地所有者は、行政に対して、土地所有権にもとづいて撤去を請求できる。必要がなくなったのだから持っていけというわけである。

原因者に求めよ！　第二は、行政代執行は本来義務者がなすべき作業を行政が代行しているのであるから、打設された鋼矢板はそもそも義務者のものであり、それを行政が打ち込んだにすぎないという整理である。したがって、所有権は行政にはなく、土地所有者が撤去を求めるのは、鋼矢板の所有者である本来の義務

者に対してとなる。

自分のモノでしょ！　第三は、打ち込まれた鋼矢板の所有権は、打設当時には行政にあったが、現在では、その土地と付合してしまい、土地所有者のものとなっているという整理である。民法二四二条は、「不動産の所有者は、その不動産に従として付合した物の所有権を取得する。」と規定する。したがって、鋼矢板は土地所有者の所有物になっているのであるから、誰に対しても撤去を求められない。

行政の立場　行政の立場に立ってみれば、都合がいいのは、第二か第三の整理であろう。しかし、第二の整理については、鋼矢板の購入費用は行政代執行費用に含まれており、請負契約の一方当事者である業者は代執行資材としてこれを購入したのであるから、義務者の所有にかかるとするのは無理がある。業者は、行政のために購入したはずである。義務者の意向を聴いたわけではない。

不可分一体なのか？　第三の整理については、鋼矢板が土地と不可分一体になっているといえるかどうかが問題になる。根がしっかり張った樹木とは異なり、また、腐食してボロボロになっているわけでもなく、重厚な鋼矢板は、ただ抜けばよいだけである。それなりの費用はかかるけれども、分離が不可能とはいえない。撤去時に折れ曲がったりしても、それは鉄スクラップであるから、売却可能である。土地所有者からみれば、鋼矢板打設を受忍させ、原状回復作業の過程ではこれを勝手に抜くことを認めないでおいて、作業が終わったとたんに「お前のものだ」と一方的にいわれても困るだろう。民法二四二条は、いらないといっている所有者の意思を排して動産を押し付ける法理ではない。土地所有者に購入を求めても、これを拒否する自由は当然にある。寄付であっても同じである。

未完の行政代執行　このように考えると、第一の整理しかないのではなかろうか。鋼矢板を打設する行政代執行を実施する際には、これを撤去する作業までを行政代執行費用に含めておく必要がある。行政代執行のメインの部分である産業廃棄物の撤去と土壌の浄化が終了したとすれば、そのために必要であった鋼矢板は、現在では不要物になっている。行政にとっての不要物ではあるが、「埋め殺し」状態だから廃棄物ではないという整理もあろう。しかし、それも都合がいい理屈である。

行政が不法投棄者に？　不要になった鋼矢板は、廃棄物処理法のもとでの産業廃棄物である「金属くず」（施行令二条六号）である。したがって、これを放置しておけば、不法投棄とみなされかねない。不法投棄に対して行政代執行をしたのに、それが新たな不法投棄を生み出すというのでは、シャレにならない。土地所有者が、廃棄物処理法一六条違反として、行政代執行を実施した行政を告発すればどうなるだろうか。

21 代執行はいつ終わる？
――動産保管費用の扱い

行政代執行研究の古典　雄川一郎ほか『行政強制：行政権の実力行使の法理と実態』（有斐閣、一九七七年）は、今なお頻繁に参照される行政代執行法研究の古典である。そこでは、行政代執行実務に関するありとあらゆる課題が論じられている。その一節に、「物件の保管」がある。

最難題の「保管」　建築基準法違反の建築物の除却をおそらく念頭に置いて、そのなかにある動産をどう扱うかが議論されている。具体的には「保管」であるが、実務家からは、「この保管の問題についての考え方が確立されると、代執行をやる上での問題点は大部片づきます。これが一番心配なんです」という実情が吐露されている（六四頁）。この点に関して、あれこれ議論はされているが、結論には至っていない。

保管の四段階　保管およびそれにより発生する費用の扱いについて、少し考えてみよう。便宜上、保管を、①現場からの搬出、②現場外での一時保管、③一時保管終了後の保管、④所有者への引き渡しの四つの段階に区分する。

家具と仏壇　違反建築物を例にすると、除却命令の内容は、当該建築物の違反部分を除却することである。その程度は事案によるが、ここでは全部除却を前提とする。そのなかに家具や仏壇があった場合を考える。

一時保管とその根拠　それらを存置したままでの作業は不可能であるから、とりあえず搬出して一時保管する。①および②である。そうしたことをせよという内容は、命令には明記されていない。そこで根拠が問題になる。考え方であるが、第一は、受命者が命令内容を実現しようとすればそのようにすると考えるのが合理的であるから、①および②は、命令内容に黙示的に含まれていると整理する。第二は、命令内容には含まれないが、除却をしようとすれば、善管注意義務の観点からも①および②が必要になるので可能であると整理する。

発生する費用　いずれに整理した場合でも、①および②には、費用が発生する。さらに、現場における作業終了時以降については、③および④を観念することができ、これについても費用が発生する。実務的には、①～④を分けて議論されていないようにみえる。そして、おそらくは、③を念頭に置いて、「執行費用は入らない」「代執行費用としては取りません」（六二頁）とされる。なお、③に関して、民法六九七条の事務管理と整理する議論がある。しかし、行政がやっているのは「他人の事務」ではなく「自分の事務」にほかならないから、この議論は成立しない。

費用の法的性質　さて、①および②であるが、これは、行政代執行の一環としてされるものであり、行政代執行法二条による処分に含まれる。同法三条は、二条にもとづいて実施された事実行為を「処分（代執行）」とするから、そのために支出した一切の費用は、五条にいう「代執行に要した費用」である。したがって、①および②は、代執行費用に含めうると解される。

問題は、③および④である。拠出した動産に関して所有権が放棄されていないとすれば、現場作業が終了した以上、速やかに所有者に返還すべきである。行政には、継続保管義務はない。実務的には、所有権放棄の意思を確認し、それがされない場合には、日時を指定して搬入すると通知して実行するのであろう。相手方は、搬入される動産が何かを知っているし、それが価値のあるものであると考えれば、別の搬入先を指定したり、現場であってもそれなりの準備をしたりするだろう。搬入する動産の分量にもよるが、行政としては、せいぜいブルーシートで覆う程度のことをしていれば足りるように思われる。搬入を拒否すれば、公務執行妨害となるだろう。

代執行はまだ続く　観念的になるが、行政代執行の範囲には、現場作業のほか、①および②、そして、合理的期間内での③そして④のすべてが含まれる。阿部泰隆『行政法解釈学Ⅰ』（有斐閣、二〇〇八年）五七三頁は、この趣旨であろう。③に関して、所有者への速やかな引き渡しをせずに漫然と公費で保管を継続していれば、その費用が違法な支出であるとして、住民訴訟が提起されかねない。

行政代執行は、④をもって終了する。実務においては、現場における「代執行終了宣言」なる儀式で代執行が終わるという整理があるようにみえるが、それはあまりにも外形に引きずられている。もう少しズームアウトして、プロセス全体を把握する必要がある。

22 「著しい性」判断の法的意味
――戒告と行政手続法

処分としての戒告　行政代執行法三条一項を目で追っていて、ちょっと気になった。戒告は、行政代執行をするにあたり、相当の履行期限を定め、その期限までに履行がされないときには代執行をするべき旨を知らせる行為である。その文書は、戒告書と呼ばれる。行政法学においては、この戒告には処分性があると解されている。たとえば、原田尚彦『行政法要論〔全訂第七版〕〔補訂二版〕』（学陽書房、二〇一二年）二二二頁は、「代執行に不服のある者は、代執行の実施を阻止するために、戒告に対し行政不服申立てまたは取消訴訟を提起することができる。」と記述する。

それでは手続は？　もっとも、だからといって行政手続法の適用があるかどうかは別問題である。この点に関して、同法二条四号は、不利益処分の定義において、いくつかの処分を除外している。そのひとつが、「イ　事実上の行為及び事実上の行為をするに当たりその範囲、時期等を明らかにするために法令上必要とされている手続としての処分」である。ただ、具体的に何がこれに該当するかを同法は明らかにしていないため、解釈になる。この点、宇賀克也『行政法概説Ⅰ〔第六版〕行政法総論』（有斐閣、二〇一七年）二三〇頁は、二条四号イを引用したうえで、戒告については、「同法三章の規定を受けないことになる。」という。

判断における裁量　なるほどとも思うが、少々引っかかるところがある。それは、戒告の機能である。代執行の前提となる代替的作為義務命令は、当然のことながら、処分の根拠法規の要件を充足したがゆえに発出されたものである。命令には期限が付されるが、それを徒過した事案のすべてが、行政代執行法二条にいう「その不履行を放置することが著しく公益に反する」という要件を充たすかどうかが問題になる。これを積極に解せば、すなわち、命令が期限までに履行されないのは著しい公益違反状態であると定型的に解せるならば判断の余地はないから、行政手続法二条四号イに該当するように思われる。しかし、そうであろうか。

「認定」の存在　代替的作為義務を命ずる処分は、根拠法が保護しようとしている公益に反する状態にあるがゆえに発出されるものである。その不履行が「著しく公益に反する」状態にあるかどうかは、不履行の事実からただちにみなすことはできないのではないだろうか。そうであるとすれば、戒告には、代執行の範囲や期限等を明らかにするだけではなく、代執行の必要性を判断するという機能があるといえる。この点、塩野宏『行政法Ⅰ〔第六版〕行政法総論』（有斐閣、二〇一五年）二三四～二五九頁のように、「戒告……〔は、〕……行政代執行法上の要件を認定するものである」とするものもある。

「著しく」の積極的意義づけ　「著しく」という文言は、比例原則の具体化と解されるが、これに特段の積極的意味を見出さないという立場もあるかもしれない。その場合、命令期限徒過事案はすべて代執行要件を充たし、あとは、効果裁量の問題ということになる。しかし、一般に、この要件過重的文言には、それなりの意味があると考えるのが普通であろう。また、積極的意味がないとしても、効果裁量の適切な行使という観点からは、行政手続法の適用があると解すべきであろう。

不利益性はないか？　行政手続法の不利益処分でないとする理由は、それが、範囲・時期等を明らかにするにすぎないからである。要するに、それほどの不利益性がないからである。ところが、行政代執行法の適用対象となるかどうかは、きわめて重大な問題であり、到底「等」のなかに読み込めるようなものではない。命令時と戒告時とでは、前提となる状況に変化もあるだろうから、行政代執行をすることの妥当性を、命令後の時点で改めて判断する必要性はあるように思われる。

弁明機会付与の必要性　戒告という処分には、「著しい性の認定」という実体判断が含まれている。そうであるとすれば、行政手続法二条四号イに該当するがゆえに弁明機会の付与手続が適用されないということはできないのではないだろうか。

23 寸止め規制？
——再生可能エネルギー発電施設と条例

増加する反対運動　国策として積極的な導入が求められている再生可能エネルギーであるが、これをエネルギー源とする発電施設の設置が、各地で問題を引き起こしている。なかでも、大規模に設置される太陽光パネルをめぐっては、地元の反対運動が発生するケースも多い。条例による規制も増えている。

絶対悪とはいえない　それが害悪しかもたらさないものであれば、絶対的に禁止すれば足りる。しかし、太陽光発電施設についていえば、再生可能エネルギーの主力として、まさに国を挙げての利用推進に大きく寄与するのである。一方、施設造成のために山林が伐採されるとなると、土砂災害の危険性が増大する。山林の水源涵養機能を減退させるし生態系保全への影響も懸念される。管理不全状態に施設が放置されれば、予定される発電量が確保できず、使用が廃止されたままになれば、たんなる廃棄物である。また、正常に稼働していても、その存在自体が景観破壊をもたらしてしまう。

非規制地域での立地　国立公園の特別地域であれば、工作物とされる発電施設の設置は、自然公園法二〇条のもとで許可制となっている。景観支障をもたらす大規模施設の設置を認めないという運用も十分に可能である。ところが、そうした行為規制がされていない地域においては、設置は基本的に自由である。森林法一〇条の二は、一ha以上の山林の開発を許可制にするが、この規模未満であれば、基本的に自由である。

計画に際して、事業者は、コンサルタントに依頼して、立地の法的可能性を十分に調査する。具体的な計画が出されるというのは、予定地に関する権原を取得し、少なくとも法的には設置が可能であることを意味する場合がほとんどである。

「適正立地」の実現　そこで、「適正な立地」を実現すべく、市町村が条例を制定する例が最近目立っている。「由布市自然環境等と再生可能エネルギー発電施設設置事業との調和に関する条例」（二〇一四年制定）と「真庭市自然環境等と再生可能発電事業との調和に関する条例」（二〇一五年制定）をみてみよう。

目的としての「調和」　「調和」という文言に、両条例のスタンスがよく表れている。それをどのようにして図るかであるが、基本的に、一定規模以上の施設を一定地域内に設置する際には市長の許可を得なければならないというシステムである。太陽光発電に関していえば、事業区域面積五〇〇〇㎡以上のものが対象にされている。立地が規制される「抑制区域」については、景観と自然環境にすぐれた場所としている。それに加えて、真庭市条例は「安心安全で良好な自然環境が保たれている」区域を、由布市条例は「歴史的又は郷土的な特色を有している」区域をあげる。

協議手法の実際　両条例とも、おそらくは意図的に「許可」という文言を使用していない。由布市条例では、対象事業をする事業者は、その旨を市長に届け出て協議をしなければならない。そのほか、届出前に、地元自治会や近隣住民の理解を得るよう努めるとされる。この努力が不足と市長が判断すれば、届出を受けないという運用だろうか。しかし、それは、行政手続条例に照らして許されない。届出後は市長との協議であるが、それが終了したときには、協議終了通知が出される。終了判断基準は規定されていない。
真庭市条例では、対象事業をする事業者は、その旨を市長に届け出て、同意を得なければならない。こちらも、届出前に、住民の理解を得ることについての努力義務が規定される。不同意基準は抑制地域内の立地であるが、そんなことをする事業者はいない。実質的には、市長の助言勧告がポイントである。

実質許可制なのに…　それぞれ「通知」「同意」というが、それを得ることが義務づけられているため、行政手続条例の観点からは、これらは「申請に基づく処分」である。すなわち、一般の許可制と同じ性質のものである。ところが、興味深いのは、通知や同意を得ずに事業に着手したとき、事業者に対するサンクションとして規定されるのは、刑罰ではなく「公表」なのである。狭い社会のことであるから、そんなことをする事業者は新聞沙汰になって、市長が公表するまえに報道されているはずである。にもかかわらず、刑罰を規定しなかったのはなぜだろうか。寸止めといえば寸止めである。事業実施を明確に許可制にしている「高崎市自然環境、景観等と再生エネルギー発電設備設置事業との調和に関する条例」（二〇一五年制定）も、公表止まりである。

保護法益の弱さゆえ？　どうも、条例を通じてまもろうとする利益（保護法益）が弱いと考えているようである。景観保全だからそこまではできないということらしい。しかし、抑制区域は「特に必要と求めるとき」に指定されるというように絞り込みがされている。事業区域規模も五〇〇〇㎡以上である。相当のインパクトがあると思われるが、なぜこのように抑制的に考えるのだろうか。一般的な憲法論や一般的な条例論ではなく、地域特性にあった法理論が必要であるように感じた。

24 巧みな自治的決定？

——塩谷町高原山・尚仁沢湧水保全条例の対応

適用除外の国・自治体　条例の規制対象をどう考えるかは、立法政策の問題である。水道水源保護条例を例にすると、鳥取市条例のように国や自治体の事業を適用除外するものもあれば、ニセコ町条例のように区別しないものもある。

全面適用　二〇一四年九月、栃木県の塩谷町（しおやまち）は、塩谷町高原山（たかはらやま）・尚仁沢（しょうじんざわ）湧水保全条例を制定、同月一九日に施行した。「事業者」として国や自治体を含んでいるため、国の事業であっても、民間事業と同様に規制が及ぶ。同条例が明確に意識しているのは、放射性物質汚染対処特措法にもとづく指定廃棄物の埋立処分施設の設置である。

フクイチ対応　いうまでもなく同法は、福島第一原子力発電所爆発事故に起因する放射性物質による汚染に対処するために制定された（正式名称は、「平成二十三年三月十一日に発生した東北地方太平洋沖地震に伴う原子力発電所の事故により放出された放射性物質による環境の汚染への対処に関する特別措置法」である）。七条にもとづき環境大臣が定めた基本方針の項目には、「事故由来放射性物質により汚染された廃棄物の処理に関する基本的事項」がある。放射性物質濃度八〇〇〇ベクレル超の廃棄物を指定廃棄物というが、基本方針は、「指定廃棄物の処理は、当該指定廃棄物が排出された都道府県内において行うものとする。」と規定する。一方、同法一九条は、指定廃棄物の処理責任を国に課している。したがって、指定廃棄物の処分場設置は、国の事業となる。

発生県内処理方針　自治体域に属さない国土はないから、処分場が設置されるのは、どこかの都道府県・

市町村内である。基本方針は、発生県内処理を原則とするため、事業者である国は、関係県内での立地を進めなければならない。そこで、選定手続については、国が手続案を提示し、これを関係県内で議論して決定した。それにもとづいて、国が候補地を選定する。手続が進んでいる栃木県においては、塩谷町の寺島入が詳細調査の候補地とされた。

水道水源保護条例をモデルに　塩谷町条例は、基本的に、既存の水道水源保護条例のモデルを踏まえた構造である。すなわち、町長が保全地域を指定し、同地域における一定事業を許可制にする。無許可行為に対しては、勧告・中止命令が出される。無許可行為と命令違反は公表される。しかし、刑罰はない点がポイントである。対象事業のひとつとして、別表に指定廃棄物の処分場設置が規定されている。

保護法益としての「社会的評価」　同条例の特徴は、湧水の水質・水量、生物多様性保全という保護法益に加え、「湧水の品質に対する社会的評価の維持・増進」を規定している点にある（一条）。これは、「尚仁沢湧水をはじめとする高原山系の湧水の品質に対する社会的評価を低下させるおそれがないこと」（七条五項五号）という許可基準に具体化される。

条例の適法性は？　指定廃棄物の適正処理は、国策事業である。それに対して規制をする塩谷町条例は、はたして適法なのだろうか。いくつかの論点をあげてみよう。

非広域事業性　第一は、条例対象とすることの合理性である。たとえば、線的に展開する鉄道や道路に対して、個々の市町村が環境アセスメントを同一事業者に義務づけるのは、たとえ、地域環境の保全という目的があったとしても、規制の合理性に欠ける。しかし、せいぜい三ha程度の指定廃棄物処分場は点的事業である。

事項的対象性　第二は、国策事業が条例の規制対象となりうるかである。憲法九二条・九四条にも関係する論点である。放射性物質汚染対処特措法に条例を否定する明文規定はないが、当然にそうであると解釈されれば、条例は違法となる。

狙い撃ち　第三は、狙い撃ち条例と評価されるか、そうであるとして適法かである。詳細調査の候補地を決定し、これから影響調査をしようという段階であるから、旧紀伊長島町水道水源保護条例事件最高裁判決（最二小判平成一六年一二月二四日判時一八八二号三頁）で問題となった施設よりも熟度がかなり低い。

全県波及性　第四は、波及論をどうみるかである。栃木県内二五市町村のすべてが同様の条例を制定すれば、結果的に、処分場の立地は困難になる。もっとも、すべてがそうするわけでもない。

比例原則　第五は、「社会的評価の低下」（いわゆる風評被害）という許可基準が比例原則との関係で適法かどうかである。客観的に認定できるかどうかがポイントであろう。「ない」という証明は不可能に近い。あたかも「悪魔の証明」のようである。

法的拘束性　第六は、違法性を議論する法的実益である。刑罰がないため、国に法的不利益は発生しないようにみえる。条例の違法確認を求める当事者訴訟が提起されても、「確認の利益なし」となるだろうか。

そのほかにもあるだろう。引き続き条例の適法性・妥当性を検討してみたいが、巧みな自治的決定という印象を受ける。

25 スソ下げ制度？
——市町村要請による県事務の適用拡大

都道府県から市町村へ　地方自治法上、都道府県の事務を市町村に移譲する仕組みとしては、事務処理特例条例制度がある（二五二条の一七の二以下）。一方、市町村の事務を都道府県にしてもらう仕組みとしては、事務の委託制度がある（二五二条の一四以下）。やや小回りの利く仕組みとしては、事務の代替執行制度がある（二五二条の一六の二以下）。

市町村から都道府県へ　これらの制度はいずれも、都道府県の事務を市町村の事務にしたり、そもそも事務が市町村のものであったりする。これに対して、法律上、市町村の事務になっていないものに関して、市町村の区域においてこれを都道府県の事務として実施してくれと、市町村が都道府県に要請するような仕組みは考えられるだろうか。念頭に置いているのは、たとえば、次のような事案である。

建設発生土埋立て規制事務　A県は、条例を制定して、一定規模以上の経済活動を許可制にしている。建設発生土の埋立てとしておこう。これだけであれば、スソ切りされた規模については、少なくともA県条例の適用はない。そこで、県内の市町村は、その部分に対して、A県条例と趣旨目的を同じくする条例を制定して対応できる。また、県条例の対象とされる規模の埋立行為について市町村自らが条例を制定するといえば、当該市町村（B市としよう。）に関して、A県条例の適用を除外するという制定設計もある。適用除外市町村は、A県条例なり施行規則のなかで明示されるだろう。その結果、B市については、B市条例のみが適用される。

虫のいい話？　ところで、A県内のC村では、埋立行為が多く行われるようになり、崩落事故が多発している。ところが、その規模は、A県条例の規制規模未満のものばかりである。ほかの市町村のように、C村も条例を制定して対応したいのであるが、十分な実施体制が確保できない。そこで、C村は、その行政区域について、A県条例のスソ切りを下げてもらい、同条例が適用されるようにしてほしい。立入検査や情報収集についてはC村でも対応可能であるから、そうした権限だけは、事務処理特例条例によりC村の事務とする（ただし、A県にも権限を留保しておいてほしい。）。能力に欠ける自治体に対して、A県は、補完事務として対応する。

実態を踏まえると　何とも虫がいい話に映るだろうか。行政能力が低いというなら、住民を含めて、何かしらの対策を議論して知恵を出すのが自治ではないかという批判も聞こえてきそうである。しかし、高齢化が進むC村は、現実には何もできない。何とかせよというなら、県条例でスソ切りされた規模の行為に関して、「何人も、C村においては行ってはならない。」という条例を制定するしかない。あるいは、「立地予定地周辺住民の同意を得ていること」という基準を設けての同意制条例を制定するしかない（全員の同意取得は不可能とすれば、実質的に禁止制となる）。

司法判断は？　裁判所はどのように判断するだろうか。どうしようもないという「立法事実」があるとしても、C村内においては、A県条例の対象行為（比較的大規模のもの）でさえ許可制なのに、それ未満の行為を全面禁止制とするのは、比例原則に反するとされるのではないだろうか。高知市普通河川条例事件最高裁判決が想起される（最一小判昭和五三年一二月二一日判タ三八〇号七八頁）。

このような法治主義に反する結果になるのであれば、市町村の個別事情に鑑みて、A県条例の適用を拡大することには、合理性があるといえるような気もする。そうした制度は、A県条例に規定される必要がある。申請にあたっては、市町村長は議会の議決を要するとすべきだろう。

モラルハザードのおそれ　県がやってくれるなら楽だとして、「我も我も」というように、モラルハザードが発生するだろうか。分権時代の市町村であるから、規模未満は自分でやるし、それ以上であっても、A県条例の適用除外を受けるようにするところはあると考えたい。

そうした制度が可能であるとして、適用拡大を認める基準はどのようにすればよいだろうか。これは、実体判断であり、相当に難しい。分権時代に逆行する発想であろうか。それとも、現実を直視した新たな発想だろうか。

26 スイッチ条項

――「条例で定める」の意味

条例による決定権の議論　いうまでもなく、条例の制定は、自治体の権能である（憲法九四条）。その条例を、法律が条文中に規定して、法定自治事務に関する国の決定権の一部を移譲することがある。その場合、当該条例は、法律の一部として機能するし、自治体の側からみれば、条例で決定した内容の実現のために法律が利用できるようになる。

強制型　条例には、制定が義務づけられる場合と任意である場合がある。強制型の例は、食品衛生法である。同法五一条は、「都道府県は、飲食店営業その他公衆衛生に与える影響が著しい営業……であって、政令で定めるものの施設につき、条例で、業種別に、公衆衛生の見地から必要な基準を定めなければならない。」と規定する。飲食店営業は許可制であり（五二条）、条例が制定されないと営業の自由に対して深刻な影響が発生するから、強制されるのは当然である。立法という法定自治事務として、条例の制定が義務づけられているのである。申請の手続等を条例で規定することを義務づける立法例は多い。

任意型　任意型の例としては、介護保険法がある。同法四三条のもとでの居宅介護サービス費等に係る支給限度額は、厚生労働大臣が定めるが（二項）、市町村は、条例で定めるところにより、それに代えて適用すべき額を決定できる（三項）。この場合、市町村が大臣決定の額で問題ないと考えれば、条例を制定しないという決定をすることによって、結果的に、全国一律基準が適用される。この場合、法律では規制の仕組みを一応は完結的に決定し、地域特性に応じた部分修正の余地を自治体に認めているのである。組織の設置に関しては、「条例で定めるところにより……置くことができる。」というように、任意型である場合が多い。

地域特性適合政策の実施　強制型にせよ任意型にせよ、自治体は、地域特性を踏まえた政策を実現すべく、条例制定ができる。地方自治法二条一三項が規定する配慮条項の具体化例といえる。

実施するかの決定　一方、法律の枠内での事務を実施するかどうかを、条例を制定することによって自治体が決定するという仕組みもある。決定内容は多様であるが、たとえば、次のようである。

屋外広告物法には、「条例で定めるところにより」というフレーズが、一二か所で規定されている。広告物表示の規制について、仕組みの内容についいては枠組み的に示しつつも、具体的内容については都道府県の決定に全面的に委ねているのである。瀬戸内海環境保全特別措置法は、都道府県が自然海浜保全地区を設置して、行為届出制と行政指導制を規定するが、実際に導入するかどうかは、「条例で定めるところにより」として、その裁量に委ねている。もっとも、これらの法律がなくても、自治体は、独立条例にもとづいて、地域の事務として、屋外広告物規制や自然海浜規制を実施するのは可能である。

適用するかの決定　これに対して、法律においてその目的の実現のために必要な要件効果などの事務内容が規定され、それを自治体において適用するかどうかの決定が条例に移譲されている場合がある。「地方公共団体の一般職の任期付職員の採用に関する法律」は、地方公務員法制のもとでどういう場合に任期付採用が可能なのかを規定するが、その制度を導入するかどうかを、「条例で定めるところにより」と規定する（三～五条、七条）。「自転車の安全利用の促進及び自転車等の駐車対策の総合的推進に関する法律」は、市町村が放置自転車の撤去・保管・処分をなしうる旨を規定するが、それは、「条例で定めるところにより」とする（六条）。自然環境保全法のもとで負担金延滞金徴収を「条例で定めるところにより」とするのも、この例であろう（四〇条二項）。いわば条例制定というスイッチを入れることにより、法定事項が自治体現場に通電するのである。

自己決定してこそ自治　分権時代の法律規定のあり方として注目できるのは、最後のパターンである。すべてを国が担当するのは適切ではないとして自治体に事務の分任を求めるとしても、それが自治体の事務である以上、スイッチ条項を規定して、それを引き受けるかどうかの決定を自治体にしてもらうのがよい。国は、魅力あるメニューを法律で規定するとともに、条例の制定により事務が分任される場合でも、地域特性を踏まえて国の決定を修正する余地を広く残しておくような規定ぶりが望ましい。

27 張り子の虎？
――条例にもとづく実地確認義務づけ

適正処理の確認　廃棄物処理法一二条七項は、排出事業者に関して、産業廃棄物処理業者に処理を委託する場合に当該産業廃棄物の処理の状況に関する確認を行うことと、当該産業廃棄物について発生から最終処分が終了するまでの一連の処理の行程における処理が適正に行われるために「必要な措置」を講ずることについて規定する。「努めなければならない。」というように、いずれも訓示規定である。

確認の対象　ここでいう「確認」とは、委託するに際して処理先の施設等がきちんとしているかを事前にチェックすることを意味するのか、それとも、処理が開始されたあとでチェックすることを意味するのか。条文からは、必ずしも明確ではない。

条例による義務づけ？　ところで、自治体のなかには、排出事業者に対して、排出した産業廃棄物が適正に処理されているかどうかについて、処理の現場に足を運んで確認することを条例で義務づけるところがある。いわゆる「実地確認」である。廃棄物処理法一二条七項が訓示規定としているものを、いわば上乗せ的に義務化しているのである。

たとえば、「愛知県廃棄物の適正な処理の促進に関する条例」七条二項は、「県内産業廃棄物の運搬又は処分を産業廃棄物処理業者に委託した事業者は、当該委託に係る県内産業廃棄物の適正な処理を確保するため、当該県内産業廃棄物の処理の状況を定期的に確認しなければならない。」と規定する。「しなければならない。」

というのであるから、法的義務づけである。しかし、同条例には、違反に対する制裁措置は規定されていない。霞が関法学の整理では、訓示規定である。定期的とは何か、どのような確認方法をとるのかなどについて、施行規則にも規定はない。そうなると、条例七条二項は、義務づけっぱなしであり、実質的には行政指導ということになる。

行政の「真意」　もっとも、これでは事業者も対応しようがない。そこで、愛知県は、「廃棄物の適正な処理の促進に関する条例のあらまし」という逐条解説を公表している（http://www.pref.aichi.jp/kankyo/sigen-ka/hourei/jyorei-2/jyourei/jyourei-1.html#7jyou）。

それによれば、確認頻度については、少なくとも毎年一回、確認方法については、多量排出事業者の場合には、原則として排出事業者自ら現地へ出向く、それ以外の場合には、業界団体、コンサルタント、連結子会社等への委託も可能となっている。

義務づけまでは無理　訓示規定となっているのは合理的であろう。委託先の施設をみるといっても、抜き打ちで行くわけにはいかない。そうすると、いかにも不適正処理をしていますというような現場がたとえあったとしても、そこをみせるはずがない。よほど「見る眼」を持っている者が訪問しないかぎり、行くことに意義があるとはいえないのである。行くことのみを求める法的義務づけは、比例原則に反して違法だと思う。

排出事業者責任の観点から　とはいえ、廃棄物処理法一一条一項が「事業者は、その産業廃棄物を自ら処理しなければならない。」と規定するように、産業廃棄物の排出事業者責任の観点からは、適正処理が確実にされるように配慮する責務が事業者にある。どのような方法でそれをするかは事業者の裁量であるが、委託しっぱなしというのが適切でないのも、また確かである。

廃棄物処理法一九条の六は、産業廃棄物の不法投棄や不適正処理があった場合において、処分者に資力がないなどのときに、排出事業者がそうした処分がされることを知りえた状況にあれば、事業者に対して原状回復命令が出せると規定する。冒頭にあげた「必要な措置」をしていないときもそうである。

「違法」は観念しうる　かりにこうした事態が最終処分場で発生した場合、排出事業者がまったく実地確認をしていなければどうだろうか。条例で義務づけがされている以上、「あり方」の内容を参考にして対応ができたはず（＝違法処分を現地で確認して適切な対応ができたはず）と愛知県は判断して、命令を出すことを考えるかもしれない。そのような解釈は適法だろう。

実績ゼロ　このように、条例それ自体では義務づけの履行確保はできないけれども、廃棄物処理法とリンクして整理すれば、それは大きな効果を発揮するといえる。もっとも、同法一九条の六は、制度が導入された二〇〇〇年以来、一件の発出例もない。その理由は、「知りえた」という要件の認定が困難なことがある。そう考えると、条例による義務づけに「張り子の虎」という側面がある点は、否定できないように思われる。

財務状況等のチェックへ　ところで、確認が求められているのは、一体何についてだろうか。自分が処理委託した産業廃棄物の適正処理ということになるのだろうが、処理業者の現場で、それ以外の産業廃棄物と区別して認識できるはずがない。「全体としてきちんとやっている」程度の情報しか得られない。そうであれば、処理業者の財務情報や処理実績の分析を通じて推測できることも多いはずである。しかし、そうした「高級」なチェック体制は一般的ではない。将来的には、そちらの方向に進むべきであろう。

28 元祖・老朽空き家対応措置？
――川崎市地域的困難課題相談取扱要綱

本格的条例第一号！　二〇一四年一一月に空家法が制定されるまでに、市区町村では、約四〇〇の空き家条例が制定されていた。本格的な空き家条例の嚆矢（こうし）となったのは、二〇一〇年七月制定の「所沢市空き家等の適正管理に関する条例」であるとされている。

先駆的要綱　たしかに、条例としては、そうかもしれない。しかし、自治体の措置ということであれば、二〇〇八年一二月に、川崎市が、「民有地等に関する地域的困難課題に係る相談取扱要綱」（取扱要綱）を制定していた。以下では、あまり知られていないこの要綱の概要およびその実施状況について紹介する。

かねてより同市は、「空地（民有地）の雑草除去の相談に関する事務取扱要領」を制定していた。これを廃止して制定された取扱要綱は、雑草のみならず老朽空き家をも射程に含めるものである。現在の所管は市民子ども局であるが、総務局長（当時）の決裁により制定され、法制担当も文言等のチェックをしたという。制定に動いた背景には、議会からの働きかけもあったようである。

相談対応マニュアル　取扱要綱の趣旨は、「維持管理が不十分な状況に起因し、近隣の安全・安心な生活環境を脅かしている民有地内における解決が困難な事案に関する相談（以下「相談事案」という。）が市又は区に寄せられた場合における基本的な対応について定めるもの」（一条）である。区役所の担当課は、相談事案が寄せられたときには、初動対応として実地調査をし（三条）、所有者等の把握に努める。

土地にせよ建築物にせよ、権原者把握の「正道」は、法務局に出向いて登記簿を閲覧することであるが、建築物に関しては、表題登記や権利登記がされていない場合がある。そのときには、権原者や納税管理者の氏名・住所等が収録されている固定資産税情報を用いることが想定されている。そこで、担当課は、固定資産税担当に照会をする。空き家対策への利用は目的外となるため、個人情報保護条例にもとづいて目的外利用の届出をするとされている（四条三項）。実績もあるとのことである。

地方税法二二条の解釈　なお、税務情報の利用に関しては、税務担当職員が「事務に関して知り得た秘密を漏らし……た場合においては、二年以下の懲役又は一〇〇万円以下の罰金に処する。」と規定する地方税法二二条との関係が問題になる。市税情報の利用が議論された市議会の総務局長答弁では、同条との関係には言及されていないため、守秘義務に反しないかどうかについて、どのように解釈したのかは不明である。

成功事例その一　相談事案にかかる老朽空き家の状況が相当に悪い場合、所有者等に対して、区長名で文書指導がされる（六条）。被相続人の死亡後、囲繞（いにょう）地に建築されていた建物の屋根が落ち、玄関扉も外れたままの物件があった。折からの大雪で、さらに状況が悪化した。そこで、区が、死亡していた所有者の相続人約一五名を突き止めて、そのうちの一名の承認を得て建物を除却し、同人に相続をしてもらった後で土地を隣家に売却した。相続放棄しない相続人もいたようであるが、金銭的調整でうまくいったケースである。ただし、適法に除却するには共有者である相続人全員の同意が必要になるので、事案処理に問題がないではない。

成功事例その二　所有者等が不存在と判明した場合には、民事的処理がされる。被相続人の死亡後、立入りができないよう措置されていた空き家があったが、庭木が繁茂し、崩れ落ちた窓部分から野良猫が出入りする状態にあった。このケースでは、死亡した被相続人には相続人がいないことが調査により判明したため、固定資産税滞納を理由に、当時の課税権者である区長を利害関係人として、相続財産管理人選任の申立てを家庭裁判所に対して行った。選任後、管理人が競売に付し、落札者が集合住宅を建設した。

民事的手法の活用　川崎市は、空き家条例を制定していないが、取扱要綱にもとづいて、可能なかぎりの対応をしている。それは、基本的には、民事的措置である。議会においては、健康福祉局から、高齢者に判断能力があるうちに任意後見制度を利用するのはどうかなどのアイディアも出されていた。条例を制定しての対応となると、法定要件に具体的事例が該当するかどうかなど、それなりに硬直的な運用にならざるをえない。民事的対応に関するこうした経験は、空家法施行後においても、広く共有されてよいだろう。

29 もはや「モトカノ」？
――状況改善された特定空家等

特定空家等の四要件　空家法二条二項は、同法の施策の中心的対象である特定空家等を、「〔①〕そのまま放置すれば倒壊等著しく保安上危険となるおそれのある状態又は〔②〕著しく衛生上有害となるおそれのある状態、〔③〕適切な管理が行われていないことにより著しく景観を損なっている状態〔④〕その他周辺の生活環境の保全を図るために放置することが不適切である状態にあると認められる空家等」（付番筆者）と定義する。

チェックリストの整備　同法を実施する市町村は、おおむね一年以上利用実績なしの空家等がこれらの条件に適合するかどうかの判断を迫られる。その際には、国土交通省と総務省が作成したガイドラインを踏まえて、独自のチェックリストを準備する自治体が多いように思われる。

運用は、市町村によって多様であろう。①～④について総合判断するのか、それぞれについて独立して判断するのか。いずれにしても、たとえば、個別項目の点数を合算して一〇〇点を超えれば特定空家等と認定するところが多いようにみえる。

適正な手続の重要性　訴訟になれば、認定の適法性が問われる。適正な手続を経ていることは、その適法性の大きな根拠となる。あらかじめ定められた基準に照らし、個別認定点数を合算した合計点数を踏まえ、項目にかかる専門家が参加する会議の場で判断したという運用は、裁判官に対しても説得力を持つであろう。

仮想事例　想定事例をひとつ考えてみる。①と④に関して問題のある空家等があるとしよう。①について

は、屋根が崩落し、壁にも穴が開いている状態である。ブロック塀も傾いていて道路側に倒壊する危険性がある。④については、夏期には雑草の繁茂がひどく、立木が隣地に覆いかぶさっている状態である。この空家等について、Ａ市の空家等対策審議会に諮問がされた。①の評価が九五点、④の評価が二〇点であり、合計一一五点であるために特定空家等と認定された。Ａ市長は、空家法一四条一項にもとづいて、当該特定空家等の所有者Ｂに対して、審議会の判断の根拠を示し、①と④について適切な対応をするように指導をした。

一か月ほどして、Ｂから担当課に連絡があった。できる範囲での対応をしたので確認にきてほしいということであった。担当課職員が現場に赴いたところ、雑草の刈り取りと立木の刈り込みがされていて、④に関しては何の問題もない状況になっていた。

「一〇〇点を切った」　「あとは①に関する指導事項だけですね。引き続き頑張ってください」と声をかけた担当課職員に対して、Ｂは次のようにいった。「ちょっと待ってください。一〇〇点を超えていたから特定空家等にされたのですよね。そのうち④については二〇点でした。それがなくなったので今は九五点のはずです。今の状態で判定をすれば特定空家等にはならないでしょう。また、状況改善作業のために数回敷地に立ち入っていますが、この行為は、明らかに「利用」です。そうであるとすれば、そもそもその時点で空家等ではなくなっていますから、特定空家等と認定する前提を欠いています。したがって、特定空家等であることを前提にした措置はできなくなっているはずです。この家屋と土地が空家法二条二項にもとづく特定空家等ではないから私には同法のもとでの対応義務はないことの確認訴訟を提起する用意もあります。」

さて、A市は、どう対応すべきだろうか。このケースであれば、「九五＋二〇＝一一五＞一〇〇」であったから、④の二〇点がなくなってもメインである①の九五点については手つかずゆえに、「なお特定空家等の認定を維持することには合理性がある」といえるだろう。それでは、④（二〇点）に加えて①のブロック塀に関する支障（三〇点）の除去をして六五点となっている場合はどうだろうか。

経緯を踏まえた検討　たしかに、一〇〇点以下になっている状態について初審的に評価をすれば、特定空家等にはならない。しかし、求められた内容の主要部分が完全に実現されていないならば、特定空家等の状態であることには変わりがないと考えるべきであろう。モトカノではなく、なお現在の彼女である。行政は、コミュニケーションを取りつつ、指導内容の完全実現を目指し、自信を持って進んでよい。一方、①対応として全部除却・撤去され、④対応のみが残っていると、悩ましい。

30 必殺！空家法破り？
──「利用」という事実の意味

空家等とは？　空家法が対象としているのは、「空家等」である。同法二条一項は、これを「建築物又はこれに附属する工作物であって居住その他の使用がなされていないことが常態であるもの及びその敷地（立木その他の土地に定着する物を含む。）をいう。」と定義する。不使用が常態となっていることがポイントである。

特定空家等への対応　このうち、著しく保安上危険になるおそれがあるものが「特定空家等」（二条二項）とされ、その所有者等に対して、適切な措置を講ずることが求められる。すなわち、助言・指導（一四条一項）、勧告を経て（同条二項）、命令が出され（同条三項）、履行がない場合には、行政代執行によってその内容が強制的に実現されるのである（同条九項）。代執行費用を任意で支払わなければ、国税滞納処分の例に従って強制徴収される。命令に従わなければ、五〇万円以下の過料に処される（一六条一項）。

仮想事例　ある事例を考えてみよう。Aは、B市内に空き家を所有している。通常はもうひとつの家に居住しているため、空き家の管理がついついおろそかになり、長年の不使用もあいまって、その状態は相当に劣化している。そうしたところ、二〇一五年五月に空家法が全面施行されたことが周知され、周辺住民から、市役所に対して、「あの危ない空き家を何とかしろ」という要求が多く寄せられるようになってきた。腰が重かった行政であるが、地元の市会議員も巻き込んでの要求となったため、法律の適用を検討するようになった。一方、Aは、自分の居宅が別にある以上、住まない空き家にお金をかける気はない。売却するという手も

あるが、親から相続した物件であるために、何となくはばかられる。

執行回避方法はあるか？　最近、B市から、空家法一四条一項にもとづいて、適切な対応を求める指導文書がAに送付されてきた。このままでは、勧告、命令、行政代執行にもなりかねない。何とか適用を回避する方法はないだろうか。

住んでしまう！　まったくの教室事例であるが、回答は案外に簡単であるように思われる。すなわち、Aは、月に何日か、その家屋に住んでしまえばよいのである。時効中断のようなものである。利用がされているとなれば、それはもはや「空家等」ではないから、「特定空家等」でもなくなる。空家法破りの必殺技ではないか。

もっとも、そうした利用がもっぱら空家法の適用を逃れるためになされたとすれば、それは権利の濫用であるから、なお空家等であると判断して対応を進めることは不可能ではない。しかし、行政としては、居住の実態がある以上、躊躇せざるをえないだろう。犯罪であれば、過去のある時点の行為を現在において処罰するけれども、空家法は、現在の状態を問題にしているのであるから、対象外となってしまえばお手上げである。

建築基準法一〇条三項命令　なお、当該家屋の管理状態が相当に劣化して、著しく保安上危険な状態になっているならば、建築基準法一〇条三項にもとづき、（B市が特定行政庁市であれば、）除却等を命じることは可能である。最近では一〇条三項命令の発出事例が出ているが（神戸市、大阪市、京都市、横須賀市）、一般に、特定行政庁は、この権限行使にきわめて消極的であった。それが、空家法の立法事実の一部を構成している。

住んだ者勝ち？　そうなると、「住んでしまう」という行動は、現実には、相当に強力な空家法適用回避策になるようにみえる。もちろん、これを推奨しているわけではないが、ひとつの可能性として考えてみた。

特定行政庁は意識せよ　空き家対策は、老朽家屋対策の部分集合である。空家法が特別措置法となっているゆえんである。セーフティーネットとしては、建築基準法がある。空家法の対象となる建築物は、本来は、建築基準法で対応できるものなのである。特定行政庁は、同法一〇条三項にもとづき与えられている権限の意味を、十分に理解しておかなければならない。

都道府県知事が特定行政庁となっている場合は、特定行政庁のいない市町村の区域内にある老朽危険家屋に対して、その市町村が空家法を使って対応してくれるように気を遣うことになるだろう。空家法にもとづく対応がされなければ、事業は、都道府県の仕事になってしまうからである。

31 一月一日を前にして
——勧告のタイミング

いつ勧告するか？　空家法には、特定空家等に関して、「助言指導→勧告→命令」という仕組みがある。ここでは、勧告をするタイミングについて考えてみたい。

空家法一四条二項は、「市町村長は、前項の規定による助言又は指導をした場合において、なお当該特定空家等の状態が改善されないと認めるときは、当該助言又は指導を受けた者に対し、相当の猶予期限を付けて、除却、修繕、立木竹の伐採その他周辺の生活環境の保全を図るために必要な措置をとることを勧告することができる。」と規定する。

この条文からは、勧告をするタイミングは、助言・指導がされたにもかかわらず、問題状態の改善がされないときであることがわかる。それは、一年のどの時期でもよい。

住宅用地特例の適用除外　たしかに、空家法の世界だけであればそのようにいえるのであるが、実際には、そう単純にはいかなくなっている。空家法が制定された翌二〇一五年三月に地方税法が改正され、いわゆる住宅用地特例の適用除外措置が明確に規定された。勧告がされた事実が、当該特定空家等に関して適用されている特例の適用除外にリンクするようになったのである。

措置実施と勧告撤回　この措置は、適用除外をいわば「人質」にとって、勧告により求められている措置を自主的かつ迅速に実施してもらうためのものである。適用除外される要件は、一月一日において、勧告がされていることである。適用除外を回避しようとすれば、行政に勧告を撤回してもらわなければならない。

十分な履行期限　そこで、勧告のタイミングが問題になる。求める内容によって状況は異なるが、たとえば、一部補修が求められたとしよう。同様の内容は、勧告に先立つ助言・指導によっても、求められているはずである。そうであるとしても、一四条二項がいうように、勧告は、「相当の猶予期限を付けて」されなければならない。国土交通省は、これを助言・指導の場合と同じとしている。「今日勧告して明日までの措置完了を求める」などというやり方は、不可能を求めるものであって違法である。

年末から逆算すれば　そうなると、一部補修を求める勧告は、合理的に行動すれば御用納めの日までに実現できて、行政がそれを確認して勧告を撤回できるのに十分な期間を確保してされなければならない。業者を探して契約を締結し、設計がされ作業がされて改修が完了するのに六〇日を要するとしよう。行政の確認作業に数日を要するとすれば、勧告は、遅くとも一〇月二〇日にはされていなければならない。

一二月の勧告は無理　かりに一二月二〇日に勧告がされたとすれば、業者選定中の状態で一月一日を迎えてしまう。おそらく、課税部署は、個別具体の特定空家等に関する状況などには関心を払わない。空家法担当から知らされた「一二月二〇月に勧告をした」という通知を機械的に処理し、その撤回がされていない以上、勧告はされた状態にあると理解して、固定資産税の適用除外措置を講じたうえで、増額された固定資産税等を付加する処分をするだろう。

適用除外の非合理性　たとえば、勧告を受けた人が、この際、きちんと修理をして賃貸に出そうと考えて対応をしており、その工事は三月二〇日に完了するとしよう。一月一日においては、勧告はされているが、居住の用に供せる状態にするための作業が真摯に継続されているのである。そうした状況のもとで、勧告が撤回されていないとして住宅用地特例の適用除外をしたうえで固定資産税等の賦課処分をすることは適法だろうか。

もちろん、工事が完成すれば勧告は撤回されて住宅用地特例が復活し、次年度には再び、固定資産税等の額は安くなるのであるが、一度でも適用除外をする必要があるのだろうか。空家法と地方税法のリンケージの制度趣旨に鑑みれば、機械的な適用除外は適切ではないように感じる。

そうなれば、勧告ができるのは、その内容の履行が年末までに十分可能な期間が確保できる時期までということになる。これも何か変な気がする。

課税担当のリアクション　空家法担当としては、勧告した事案の一月一日の状況を確認し、居住の用に供せる状態に向かっているのであれば、適用除外をしないように課税担当にお願いするしかない。しかし、課税担当にしてみれば、それを受けて適用除外を中止する法的根拠が必要だろう。それなしには、こわくて対応できないように思われる。

32 適用廃止の適用除外？
──ジャングル屋敷と住宅用地特例制度

特定空家等の二類型　空家法のもとで具体的措置対象となる「特定空家等」(二条二項)には、大別して二つの種類がある。第一は、「そのまま放置すれば倒壊等著しく保安上危険となるおそれのある状態又は著しく衛生上有害となるおそれのある状態」にある空家等である。第二は、「適切な管理が行われていないことにより著しく景観を損なっている状態その他周辺の生活環境の保全を図るために放置することが不適切である状態にあると認められる」空家等である。なお、「空家等」とは、「建築物又はこれに附属する工作物であって居住その他の使用がなされていないことが常態であるもの及びその敷地(立木その他の土地に定着する物を含む。)」である。

樹木起因の特定空家等　この二つは、「かつ」ではなく「又は」でつなげられている。したがって、第二の場合には、建築物そのものに関しては、保安上危険なわけではなく十分に居住の用に供しうるものもある。それが特定空家等と判定されるのは、たとえば、敷地内の立木等が敷地全面を覆うまでに繁茂したり道路や隣地にまではみ出したりしている状態にあるからである。いわゆるジャングル屋敷である。こうした場合には、所有者等は判明していることが多いだろう。

伐採・刈取りの勧告　ジャングル屋敷型の特定空家等に関して、市町村長は、その所有者等に対して、立木等の伐採や刈取りをするよう助言・指導できる(一四条一項)。所有者等が助言・指導の前提となった状態を

改善しないときには、必要な措置を講ずるよう勧告できる（一四条二項）。

住宅用地特例の適用除外　この勧告の効果であるが、国土交通省と総務省が作成した「『特定空家等に対する措置』に関する適切な実施を図るために必要な指針（ガイドライン）」によれば、「法第一四条第二項に基づき勧告がなされた場合、当該『特定空家等』に係る土地については、固定資産税等のいわゆる住宅用地特例の対象から除外されることとなる」としている（総務省自治税務局固定資産税課長「空家法の施行に伴う改正地方税法の施行について」（総税固四一号平成二七年五月二六日）も参照）。

地方税法改正　この整理の前提になっているのは、空家法の制定を受けて二〇一五年三月に改正された地方税法三四九条の三の二第一項である。同条は、「……空家等対策の推進に関する特別措置法……第十四条第二項の規定により所有者等……に対し勧告がされた同法第二条第二項に規定する特定空家等の敷地の用に供されている土地を除く。……」と規定する。

対象は何なのか？　上述のように、空家等は敷地を含んでいるから、特定空家等も、敷地を含んだ概念である。そうなると、

「特定空家等の敷地の用に供されている土地」という表現が問題になる。「敷地の敷地に供される土地」になるからである。しかし、そのようなものは、常識的には想定できない。概念の混乱があるようにみえる。

建物は立派なのに　それはさておき、先にみた第一の場合であれば、そもそも居住の用に供せないような状態だから、特例の廃止には合理性がある。一方、第二の場合であればどうだろうか。建築物そのものに関しては、安全性に問題はないのである。ところが、ガイドラインの記述をそのまま受け止めれば、市町村は、住宅用地特例を廃止しなければならない。どのように考えればよいだろうか。

勧告すれども廃止はしない　合理的な整理は、法律の勧告対象になる（したがって、「伐採命令→行政代執行」は可能）としつつ、固定資産税の住宅用地特例廃止の対象にはしないとする対応だろう。

勧告がされれば、自動的に特例の適用除外となる。そこで、市町村の税条例に規定されている減免条項を活用する。すなわち、「市長が特に必要と認める固定資産に対しては、固定資産税を減免する。」という規定にもとづき、ジャングル屋敷に対して勧告が出された場合を除外するのである。いわば、適用廃止の適用除外である。除外事由を施行規則なり施行細則で規定しているのであれば、そこに追加すればよい。そうしないと、空家法の制度趣旨に反する違法な適用除外がされる。

対応が必要なリンケージ　勧告と住宅用地特例廃止のリンクは、法律制定後の地方税法改正により決定されたから、空家法がそれを念頭に置いた規定を設けていないのは仕方ない。本来は、改正の際に、家屋ではなく敷地の状態が問題であるがゆえに勧告がされた場合を除くという趣旨の規定を設けるべきであった。ガイドライン改訂の際には、何らかの対応をすべきであろう。

33 一見「指導」、実は「処分」？

——空家法一四条二項勧告を考える

勧告の法的性質　空家法一四条二項は、次のように規定する。「市町村長は、前項の規定による助言又は指導をした場合において、なお当該特定空家等の状態が改善されないと認めるときは、当該助言又は指導を受けた者に対し、相当の猶予期限を付けて、除却、修繕、立木竹の伐採その他周辺の生活環境の保全を図るために必要な措置をとることを勧告することができる。」一四条二項が規定するこの勧告は、どのような法的性質を持つものだろうか。周知の通り、空家法は、それまでに制定されていた四〇〇ほどの条例を踏まえたものである。条例には勧告が規定され、それに従わない場合には命令が発出されるとなっていた。条例においては、勧告の法的性質は行政指導と考えられていた。

立案時は行政指導説　議員提案である空家法案の準備を手伝ったのは、衆議院法制局である。担当者がどのように考えていたのかは定かではないが、おそらくは、条例と同じく行政指導と解していたのではないだろうか。

事情の変更　法案が可決成立した二〇一四年一一月末時点においては、あるいはそれでもよかった。ところが、その後の展開のなかで、その法的性質が変容したように思われるのである。

老朽空き家の解体撤去が進まない原因のひとつとして、敷地の固定資産税に関して、いわゆる住宅用地特例が与えられていたことがあった。すなわち、たとえば二〇〇㎡以下の土地が住宅の用に供されている場合に

は、当該土地の固定資産税率が六分の一に減免されるのである。解体撤去してしまえばこの特典がなくなるため、そのままに存置するインセンティブが発生するというわけである。

地方税法改正　この点に批判が集まった。そこで中央政府は、平成二七年度税制改正大綱において、空家法のもとで勧告を受けた家屋がある土地に関しては、翌年の固定資産税について、住宅用地特例の適用除外にするとしたのである。この決定は、租税特別措置法の二〇一五年改正により実現された（地方税法三四九条の三の二第一項）。

空家法一四条一項にもとづく助言・指導を受けたのに不適正管理状態を改善しない場合には、同条二項にもとづき勧告がされる。そうなれば、住宅用地特例が廃止されるのである。勧告が税額の増加という不利益な結果とリンクしている。このような仕組み全体を考えれば、勧告の法的性質は処分であると解される可能性がある。

土壌汚染対策法事件判決　この点については、土壌汚染対策法に関する最高裁判例が参考になる（最二小判平成二四年二月三日判自三五五号三五頁）。同法三条二項通知が土地所有者にされた場合、同者には土壌汚染状況調査義務が発生し、その懈怠（けたい）は同条三項の調査報告命令につながり、命令違反は同法六五条一号により一年以下の懲役・一〇〇万円以下の罰金につながる。

こうした仕組みのなかにある通知に対して、通知の取消訴訟が提起された。最高裁は、土壌汚染対策法の仕組みを全体的にとらえたうえで、大要次のように述べて処分性を肯定した。報告義務は命令により発生するが、実際にはそれは通知により発生している。命令は速やかに発せられるわけではないからその取消訴訟はできない。そこで、実効的な権利救済の観点からは、通知を取消訴訟の対象とするのが相当である。

空家法にあてはめると　空家法のもとで勧告を受ければ、二〇〇㎡以下の土地の場合には、将来的に、固定資産税が約四・二倍になる。最高裁判決は、命令が速やかに発せられるとはかぎらないから通知段階での訴えを認めるべきとした。住宅用地特例の廃止がどれくらい速やかにされるかは不明であるが、異なる法律間のリンケージであるとしても、勧告に関しても、同様に解釈される可能性はある。

念のために手続保障を　同法の実施を義務づけられている市区町村は、この点に留意し、勧告をする際には、行政手続法一三条一項にもとづいて、弁明機会の付与ないし聴聞の機会を与える運用をしておいた方が無難である。土壌汚染対策法事件の場合、それをしていなかったため、処分は違法として取り消されている。二〇一五年三月に制定された「明石市空き家等の適正な管理に関する条例」は、この点に対する対応をしている例である（八条）。

34 成年後見制度と空家法
――行政処分と名宛人の意思能力

事理弁識能力欠如の場合　行政法による義務づけの前提には、法律または行政処分の名宛人は事理弁識能力（＝物事の当否や利害を判断できる力）を有していることがある。ほとんどの場合はこの前提の通りであるが、例外的に、たとえば、認知症患者であったり知的障がい者であったりするために、この前提があてはまらない場合がある。空家法を素材にして考えてみよう。

仮想事例　親族がいない独身者A（七〇歳）が、相続により二軒の家屋の単独所有者になっていたとする。Aは、そのうちの一軒に居住している。もう一軒は、かねてより利用がされず放置状態であるが、管理が劣悪であるために、前面道路に向かって倒壊する危険性が高くなっている。近隣からの通報をもとにB市の職員が現場で確認したところ、たしかに倒壊の危険がある。建築職などの専門家を含めた審査会は、この家屋を特定空家等と認定した。

住民票や戸籍を職権で調査した結果、Aが所有者と判明した。そこで、B市の職員が同市内に居住するAを訪問して面談したところ、なかなか話が通じない。福祉担当部署からは、認知症の疑いがあるが成年後見人は選任されていないという情報を入手した。

空家法のもとでは、市町村長は、特定空家等の所有者であるAに対して、指導・助言をし、改善がみられない場合には勧告をし、それでも対応がされなければ命令をしたうえで行政代執行によって当該家屋を除却することになる。ところが、意思能力が欠けると思われる状況にあるAに対して、そうした対応はできるだろうか。

受領能力の欠如　一般に、法律行為をするには、行為能力が必要であるとされている。これは、民法の法理であるが、行政法においても同様と解されている。そうすると、Aに対して、たんなる行政指導である空家法一四条一項にもとづく助言・指導はできるとしても、それにより改善がみられないとして、住宅用地特例の適用除外につながる同条二項の勧告については、その受領能力を欠くためにすることができないだろう。勧告は行政指導だからそれは可能というとしても、勧告にかかる措置が講じられない場合の命令については、それをしない「正当の理由」があるため発出できないだろう。同条四～八項は、命令をするにあたっての手続を規定するが、Aはその意味を理解して適切に応対することはできないと予想される。

成年後見制度の利用　実務的には、手詰まりの状況である。それでは、民事上の制限行為能力制度は使えないだろうか。具体的には、成年後見制度である。Aには親族がいないので、家庭裁判所に対して成年後見の開始の審判を請求する者が問題になる。Aは七〇歳であるため、老人福祉法三二条にもとづいて、市町村長が行うのだろう。同条は、「市町村長は、六五歳以上の者につき、その福祉を図るため特に必要があると認めるときは、民法第七条……に規定する審判の請求をすることができる。」と規定する。

家庭裁判所の判断　家庭裁判所はどのように判断するだろうか。四囲の事情に照らして、Aの状態が現に後見を必要とする状態にあり、たとえば、当該特定空家等について民法七一七条の工作物責任を回避することが期待できないようであれば、「その福祉を図るため特に必要がある」と解するだろうか。契機が空家法の実施というのでは、あまりに便宜的とも考えられるが、一般的に保護が必要である状態にあれば、特定空家等への対応をすることも「ひとつの理由」と考えられるのではないだろうか。

いくつもの難題　なお、審判には二～三か月を要するといわれる。選任されれば自主的除却がされるだろうが（その場合でも、措置の名宛人はAだろうか）、それまでの間は、特定空家等と認定されている家屋を危険なままに放置するしかないという事態になる。B市が、空き家条例を制定して、即時執行を規定していたとしても、必要最小限の措置しか講じえない。当該特定家屋等の前面道路がB市道であれば、通行に注意する標識を出すかそもそも通行止めにしておかなければ、万が一の事故の際には、国家賠償責任を問われかねない。難しい実務上の問題である。

実は、もっと難しいのは、審判請求にあたって必要とされる医師による診察をAが拒否した場合である。この場合は、まったく手詰まりになってしまう。

35 空家法をコピペ！
――長屋・共同住宅の住戸部分の扱い

空き家としての長屋　壁と柱を共有している長屋。私の故郷の京都市内には、相当多くある。総務省が五年ごとに実施する「住宅・土地統計調査」のなかで「空き家」とされている物件の一定割合を占めている。一戸建てであれ長屋の個々の住戸部分であれ、その不適正管理のために老朽化が相当に進行すると、敷地内の樹木の繁茂や建材の崩落など、周辺に対して、同じような悪影響をもたらす。このため、二〇一〇年以降に制定された空き家条例のなかでは、対象として長屋の個別住戸部分を含める（一戸建てと長屋を区別せずに扱う）例が多くあった。

個別住戸部分では不十分　ところが、二〇一四年制定の空家法は、長屋の個別住戸部分を含めないと解されている。同法は、それを明示的に規定しているわけではない。同法のもとでの基本的概念である「空家等」を、二条一項は、「建築物又はこれに附属する工作物であって居住その他の使用がなされていないことが常態であるもの及びその敷地（立木その他の土地に定着する物を含む。）」と定義しているにすぎない。

要は、「建築物」の解釈である。従来から条例を制定して長屋を対象にしてきた市町村にとって、この点は重大な関心事である。空家法一四条一四項を踏まえて作成されたいわゆるガイドラインのパブコメにおいても、長屋や共同住宅の一部住戸が空家等に該当するかが問題にされたが、国土交通省は、「建築物の一部のみが使用されていない場合には空家等に該当しません。」と回答した。同省が開催した説明会では、異例なほどの相当に強い調子で同省の見解を批判する意見が多く表明されたと聞くが、長屋の個別住戸部分は空家法の対象外であるという整理は変わらなかった。

施策を後退させないために　かねてより長屋を対象とする条例を制定していた自治体としては、法律との関係を整理しつつ施策を後退させないためには、長屋を対象とする独立条例を制定するしかない。実際、そうした動きがある。そこでは、興味深い立法技術が採用されているのである。

京都市の対応　京都市の対応をみてみよう。同市は、二〇一三年に、「京都市空き家の活用、適正管理等に関する条例」を制定し、長屋も含めた対応を規定していた。その施策を維持することをひとつの目的として、同市は、空家法施行後の二〇一五年に、同条例を改正し、名称を「京都市空き家等の活用、適正管理等に関する条例」とした。「等」の有無が条例名の違いであるが、ここにポイントがある。

新条例二条一号は、「空き家等」を、「本市の区域内に存する建築物（長屋及び共同住宅にあっては、これらの住戸）又はこれに付属する工作物で、現に人が居住せず、若しくは使用していない状態又はこれらに準じる状態にあるもの（以下「空き家」という。）及びその敷地（立木その他の土地に定着する物を含む。以下同じ。）をいう。」と定義した。「建築物」という文言には、空家法にいう「建築物」（長屋等が含まれない）のほか、独自に長屋等を含めるという整理である。空家法と目的はほぼ同じとみてよいから、条例のこの部分は、同法の対象横出しとなっている。空家法二条二項の特定空家等の要件を充たす長屋等は、特定空家等と一緒に、条例二条二号が規定する「特定空き家等」という定義に含まれる。

準用！　興味深いのは、横出しの長屋等に対する対応の根拠である。もちろん、独立条例であるから、そのなかで完結的に規定する必要がある。一六条は、次のような規定ぶりとなっている。「法第一四条第一項から第八項まで及び第一一項から第一三項まで並びに前条の規定は、特定空き家等（法第二条第二項に規定する特定空家等を除く。）について準用する。」

要するに、空家法二条二項の特定空家等については、同法一四条が対応を規定するからそれで一応は十分である。ところが、特定空き家等のうち長屋等については対象にされていないから、関係規定を準用するとしたのである。コピペである。空家法の立法者は、そんなことをされるとは夢にも思わなかっただろう。

慎重な配慮　なお、よくみると、行政代執行および略式代執行に関する空家法一四条九〜一〇項は、準用されていない。それらを独立条例の実施手法として一方的に準用するのは、違法の可能性があると考えられたのであろう。「何とマニアック」と思うと同時に、「もうひと押し」と感じるのは私だけだろうか。

36 三市三様
――空家法制定を受けての条例廃止

先行条例の行方　空家法が、二〇一五年五月二六日に施行された。同法が前年一一月一九日に制定された際には、四〇一の条例が施行されていたといわれる。それらの条例は、法律の施行によってどうなるのだろうか。私は、『自治実務セミナー』二〇一五年七月号に掲載した論文「空家対策特措法の成立を受けた自治体対応」において、①条例不使用型、②条例補完型、③総合条例型、④条例放置型の四つのパターンに分けて整理した。

廃止という対応　条例を制定していた自治体が条例不使用型になるには、当該条例を廃止すればよい。前出論文執筆後の調査により、二〇一五年になって、少なくとも三自治体が条例を廃止したことを知った。「和泉市老朽化空き家等の適正管理に関する条例」（二〇一二年制定）、「宗像市空き家等の適正管理に関する条例」（二〇一四年制定）、「室蘭市空き家等の適正管理に関する条例」（二〇一一年制定）である。和泉市条例などは、二〇一四年三月に公布されたばかりであるが、二〇一五年六月に廃止された。わずか一年三か月の命であった。

廃止する理由　廃止する理由は、法律が条例内容を必要かつ十分に吸収していると判断されたからであろう。それぞれの条例について確認しておこう。たしかに、完全に重なっているなら、条例を存置する意味はない。

完全にダブる　まず、和泉市条例である。同条例にあって法律にない規定を見出しで拾うと、実質的には、「民事による解決との関係」（三条）のみである。これは、法的には確認規定であるから、残す意味はない。廃止は適切だったといえよう。

ほとんどダブる　次に、六月に廃止された室蘭市条例である。同様に法律にない規定をみると、実質的には、「情報提供」（四条）、「支援」（七条）、「安全代行措置」（一〇条）、「関係機関との関係」（一二条）である。安全代行措置が気になるが、これは、「……管理不全な状態にある空き家等の所有者等から当該管理不全な状態を解消することができないとの申出があったときは」と規定されるように、所有者等と契約を交わしたうえでなされる行為であるため、条例の根拠がなければできないわけではない。残りも同様である。条例補完型として存続させるという選択もあったが、これらは法律の運用にあたっての実施要綱を制定することで対応できるだろう。

独自規定の即時執行　最後は、六月に廃止された宗像市条例である。「防犯」を目的に含む全体構造は、室蘭市条例とよく似ているが、一点異なっているのは、「緊急安全措置」（一一条）である。室蘭市条例の安全代行措置が契約型となっているのに対して、宗像市条例の緊急安全措置は即時執行である。「市長は、人の生命若しくは身体又は財産に危険な状態が急迫した場合において、……危険な状態を回避するために必要な最低限度の措置……をとることができる。」（同条一項）と規定されていた。

空家法には、即時執行は規定されていない。このため、条例補完型として制定・改正されている条例の主要部分は、即時執行なのである。周知のように、即時執行には、条例の根拠が必要である。宗像市条例は、同市の空き家施策の実施にあたって、一一条一項が規定するような限界状況の可能性を認識し、それへの対応が必要であるからと判断したからこそ、緊急安全措置を規定したのであろう。しかも、この措置は、二〇一三年に一部改正をして加えたものであった。

消えない必要性　なぜ、宗像市は、廃止ではなく条例を一部改正して、この規定を存続させなかったのだろうか。実際、同市では、この規定を用いて、相続放棄された危険家屋にネットをかけた事案が一件あった。

先手必勝！　宗像市は、全市の空家等調査を実施し、その実態を詳細に把握する予定であるという。苦情にもとづく受け身的対応であったがゆえに即時執行が必要となるが、これからは予防的に対応できるためにそれは不要と判断したのである。法律実施のために人員や予算も充実されるようである。それゆえに不要とも思われないが、相当に積極的な対応をして危険を即時に回避できる自信があるのだろう。体制が整備されるまで存続させても問題はなかったような気がするが。

三市三様の条例廃止。おもしろいものである。なお、筆者の調査によれば、既存の空き家条例を廃止した市町村は、そのほかに一五ある。

37 敢えて、つくる!
――ポスト空家法条例のいろいろ

制定続く空き家条例　空家法が可決・成立したのは、二〇一四年一一月一九日であった。同法は市町村に事務を一律に義務づけたのであるが、その後も市町村では、空き家条例の新規制定や全部・一部改正が相次いでいる。空家法制定前ほどの盛り上がりはないが、その内容は多様であり、政策法務の観点からも、興味深い研究素材が提供されている。

旧タイプ条例の新規制定　これらの条例を分析していると、いろいろなことに気づく。そのひとつが、「空家法が制定されたのに、それ以前の時期に制定されたのと同じような内容の条例が制定されている」という事実である。

多くの条例は、一条の目的で空家法に触れている。条例は同法の施行のためであるとか、同法の施行のほかに必要な事項を定めるとかというように、空家法を意識している。ところが、空家法にまったく触れずに超然としているような条例が散見されるのである。そうした内容の条例を敢えて制定するのはなぜなのだろうか。ヒアリング調査によれば、三つのパターンに分けられる。

「政治家の約束」「研究成果発表」　第一は、「約束は果たす」タイプである。どうも、市町村長が、かつて議会において、「空き家条例を制定する」意向を表明していたようである。空家法は、二〇一四年の通常国会に提出される予定で作業が進められていたのであるが、それが果たされず、臨時国会においても提出はされたもの成立するかどうかは審議日程の関係で不確実なのであった。一方、そうした事情とは関係なく、市町村においては、空き家対策を進める必要があった。議会においても、質問がされていた。何といっても「政治家の約束」である。これを履行しないと議会との関係で問題が発生することが懸念されたのであった。住民からみればつまらないことであるが、政治とはそういうものなのであろう。議員提案とするべく二年間かけてがんばって研究をしてきた議会が、「研究成果発表」として旧来型の条例を制定した例もある。これら自治体にとって、条例とは一体何だろうか。

「急に止まれない」　第二は、「車は急に止まれない」タイプである。第一のタイプとも重なる面があるが、制定のための作業を進めていたために、それを完遂したのである。もちろん、空家法が制定されたのであるから、空き家対策をするとしても、条例制定作業は取りやめて、同法の施行を待ってこれを活用すればよい。それまでの期間内の行政対応の根拠がほしいというのであれば、空家法を念頭に置いた条例を制定すればよい。実際、宮崎市は、空家法制定以前にパブリックコメントをした条例案を用意していたが、同法の制定を受けてこれを取り下げて、空家法を前提とした条例を成立させている。急ブレーキを踏んだのである。しかし、そうはせずに、勢いで旧来タイプの条例を制定させてしまった例もあった。

「空家法は封印」　第三は、「実力養成」タイプである。空家法の規定にもとづく事務に関して、これを運用するのは難しいと考える市町村がある。しかし、空き家対策は必要である。そこで、空家法の制度趣旨を踏まえつつ、いわば身の丈にあった内容の条例を制定し、その運用を通じて、空き家対策の行政力をつけていこうという戦略である。空家法が規定する緩和代執行や略式代執行の必要性は、とくに感じられていないので、旧来タイプの条例であっても問題はない。空家法は封印して、条例のみを用いるのである。空家法制定以前から空き家条例を制定していて、同法制定後も条例を改正していない市町村のなかにも、同じように考えているところがある。こうした市町村にとっては、空家法の制定は、「余計なお世話」だったのだろう。空き家対応について十分に実力がついたと考えたとき、あるいは、条例だけでは対応に限界があると感じたときに、空家法の封印を解くのである。

「大きなお世話」　第一のタイプと第二のタイプの対応については、合理性を感じないが、第三のタイプの対応は、興味深い。全国の市町村が空家法を求めていると誤信した立法者への強烈な一撃である。空家法の制定は、「大きなお世話」だったのだろう。住民福祉のレベルを下げることのないように条例で対応をしつつ法律を封印するというのも、ひとつの団体自治であろうか。封印が違法とは直ちにはいえないような気がする。

38 「する」「できる」「しない」「沈黙」
——空き家条例にもとづく即時執行の費用徴収

即時執行　「相手方私人に対する義務賦課行為を介在させずに行政機関が直接に私人の身体・財産に実力を加えて行政目的の実現をはかる行為（権力的事実行為）」。曽和俊文『行政法総論を学ぶ』（有斐閣、二〇一四年）四〇一頁は、即時執行をこのように定義する。

費用はとれるか？　即時執行の実施により、それなりの費用が発生することがある。即時執行がされる状況を現出させた原因者が判明している場合、行政は、その費用を原因者に請求できるだろうか。行政法学では、おそらく、当然に行政費用と考えられているのではないだろうか。この点で興味深いのは、空き家条例である。

空き家条例のテッパン規定　二〇一四年一一月の空家法制定後に改正されたり新規制定されたりした条例のなかには、同法が措置対象の中核とする特定空家等に関して、同法には定めがない即時執行を規定するものが多い。緊急安全措置あるいは応急措置などと称されている。私が調査したところ、落ちそうになっている瓦を敷地内におろしたり、ブラブラしているトタンの部分を切断して敷地内に置いたり、脱落しそうになっている建材を釘で打ち付けたり、ネットをかけたりというように、具体的措置内容はいろいろある。その即時執行の費用に関する規定を持つ条例が少なくない。国土交通省調査によれば、二〇一七年三月三一日現在、二九七条例が制定されている。

徴収方式のいろいろ　知りえた限りでは、費用の徴収方式には、四つのパターンがある。第一は、「もの

38　「する」「できる」「しない」「沈黙」

即時執行の費用徴収
～条例の規定～
○す　る … 請求は義務的
○できる … 請求は任意的⇒妥当？
○しない … 行政が負担
○沈　黙 … ？
いろいろあります
YM2018

とする」というように、義務的徴収にみえる規定ぶりである。明石市条例一一条二項は、「所有者等に負担させるものとする。」と規定する。第二は、「できる」というように、任意的徴収を規定するものである。大津市条例一二条四項は、「市長は、……応急措置を講じたときは、当該応急措置に要した費用を……所有者等から徴収することができる。」と規定する。第三は、「しない」と明言するものである。飯田市条例八条二項は、「緊急安全措置の実施に要した費用は、市が負担するものとする。」と規定する。請求はしないという趣旨であろう。第四は、上越市条例一五条のように、特段の対応を示さない沈黙型である。

空き家条例に特徴的なのは、空き家の適正管理を所有者の義務と規定している例が多いことである。義務的請求型は、即時執行を招いたのはこの義務の懈怠によるものと考え、一種の原因者負担として支払いを求めるのであろう。任意的請求型は、そうした整理を踏まえつつも、即時執行を招く事情はケースバイケースであるから、事情に応じて徴収するかしないかを考えようという姿勢であろう。これに対して、不請求型は、行政代執行とは異なり即時執行は必要最小限の措置しか講じないためにたとえ費用が発生するとしても少額であり、債権管理の煩雑さを考えれば行政費用とするのが適切という判断ではないだろうか。

原因者負担がいいが　ところで、そもそも即時執行の費用を原因者に請求することは可能だろうか。この費用は、負担の転嫁が禁止される経費（地方財政法二七条の四）というわけではない。そうであっても、所有者が不明の特定空家等に関する即時執行であれば行政費用となり、そうでなければ所有者負担となるのは平等原則に反するかどうかが問題にはなる。たしかに不明事案においては請求のしようがないが、そうであるからといって、義務違反が招いた即時執行の場合でも請求できないというのは適切ではないような気もする。硬直的になるのを避ける意味でも、任意請求型とするのが妥当だろうか。

民事訴訟は可能か？　いずれにせよ請求をするとして、どのような方法でするのだろうか。ひとつ考えられるのは、民事訴訟である。義務的にせよ任意的にせよ、公的債権は発生しているという前提がある。

即時執行は、権力的事実行為であり、まさに行政権の主体として実施される措置である。費用に関してではあるが、民事訴訟を通じて履行確保できるか。悪名高い宝塚市パチンコ店条例最高裁判決（最三小判平成一四年七月九日判時一七九八号七八頁）の射程は及ぶか。田子の浦へドロ浚渫事件最高裁判決（最三小判昭和五七年七月一三日判時一〇五四号五二頁）は、行政が支出した費用を、行政負担分、原因者負担分、裁量的負担分の三つに分けて、原因者負担分までを行政が負担するのは違法と判示したが、少額とはいえ、理論的には即時執行にも適用できるのか。検討すべき論点は多い。

実態は寄付要請？　もっとも、義務的請求型でも任意的請求型でも、訴訟による徴収は無理であり、「払ってくれる人には払ってもらう」という一種の寄付のような趣旨だと整理している自治体もある。その場合、条例の規定ぶりは「脅し」であり、いささかお行儀が悪い。

39 挑戦か、暴走か？
——上越市空き家適正管理活用促進条例

議員提案の空き家条例　二〇一四年一一月に空家法が制定されて以降、同法の施行を前提にして、市町村としての法体制整備を図ろうとする動きが活発である。二〇一五年三月に制定された「上越市空き家等の適正管理及び活用促進に関する条例」もそのひとつである。

上越市のウェブサイトで「空き家」を検索すると、本条例の制定の経緯に関する詳細な情報が掲載されている。トップページには、このようなメッセージがある。「上越市議会では、平成二四年からは総務常任委員会において、平成二六年からは政策形成会議において条例制定に向けた研究を重ね、平成二七年三月定例会で議員発議によって条例を制定しました。」議員提案にかかる本条例には、どのような特徴があるのだろうか。ウェブサイトには、条例案段階の逐条解説やパブコメに対する議会の見解などがアップされているので、それを参照しながらみていこう。

逐条解説　条例案逐条解説によれば、本条例は、空家法四条にもとづくものであり、同法の範囲内で必要事項を規定したものである。同条は市町村に対して空家対策事務を進めるよう促す訓示規定であり、根拠法とするほどではないと思うが、整理としてはありえないではない。「空き家等」「特定空き家等」という用語が用いられる。内容の定義をみると、法二条の「空家等」「特定空家等」と同じである。

「特定空家等」と「特定空き家等」　条例は、「特定空き家等」への対応が中心である。その認定、助言・

指導、勧告、命令は、あくまで条例にもとづくものである。そうであれば、命令の代執行は行政代執行法が適用されるところ、過失なく受命者を確知できないときには略式代執行が可能とされている点が注目される。空き家等対策計画と協議会は、それぞれその根拠を法六条および七条に求めているが、内容としては、法にいう「空家等」「特定空家等」に関するものではなく、あくまで条例にいう「空き家等」「特定空き家等」に関するものとなっている。法にもとづく協議会であれば市長の参加は義務的であるところ、そうはなっていない。固定資産税情報の利用は法の実施にあたって可能とされているが、これを条例の実施にも拡大している。

空家法は枠組法？　本条例の制度設計の基本的発想は、きわめて斬新である。おそらくは、このように考えたのではないか。空家法は、市に対して種々の権限を与えた。市はそれを活用して独自の空き家対策を実施する。法はそれにあたっての枠組みを提供しているにすぎないから、市は条例を制定することによって、その範囲内において、それらを「地に足がついた」状態にする必要がある。法は、計画、協議会、立入調査等、情報利用等、規制措置、代執行などを規定するが、それらは条例の制定によってはじめて適用可能になる。法に規定がある範囲で、それらを市の実情に適合するようにして条例に規定することは妨げられない。

条例案の最終段階で落とされたが、条例に規定される命令違反や立入検査拒否に対しては、法と同じく、それぞれ五〇万円以下・二〇万円以下の過料が規定されていた。罰則部分の条例案逐条解説は、条例の性格について、「法の規定の範囲内において必要な事項を定めたもの」としていたから、法が規定する枠組みの範囲内で条例を制定できると考えたのではないだろうか。

任意的事務とすべき　私は、空家法案が議論されていたときに、事務を義務的とすることに反対し、関係する条文すべてに「条例で定めるところにより」という一節を入れるように主張していた。事務を実施するかどうかは市町村が決定すればよいという発想からであった。しかし、実際にはそうはならず、計画作成と協議会設置を除いて、事務は義務的とされた。前提は異なっているのであるが、上越市は、私がかつて主張していたような議論を基本に据えて条例を制度設計したようにもみえる。

果敢な立法的挑戦？　上越市条例は、標準的な解釈論からは違法と評されうるような内容を含んでいる。しかし、基本的発想が上述のようであるとすれば、法律と条例の関係について、検討に値する論点を含んでいるようにも思われる。自治基本条例に「法令の自主的な解釈及び運用に努めなければならない」（二八条：見出しは「政策法務」）という規定を有する上越市である。果敢な立法的挑戦とも受け止めることができる。あるいは、「空き家等」「特定空き家等」について、法二条一項・二項にいう「空家等」「特定空家等」を意味することを明記しなかった法制執務上のミスのゆえに生じた混乱なのだろうか。

40 これこそ県の生きる道!?
——空家法と和歌山県条例

「県条例は不適切」　老朽化して景観に対して支障を与えている建築物に対して、景観保全の視点から、県が条例により対応できるか。かつて長野県で、このようなテーマで議論をしたことがある。その結果、「全県的にみて重要な地域についてのみであれば別であるが、市町村の役割に関することがらであり、県条例で全体的な対応をするのは適切ではない」という結論を出した。その詳細は、拙稿「景観保全と廃屋対策」『空き家問題解決のための政策法務』(第一法規、二〇一八年)で検討している。

ところが、和歌山県は、二〇一一年に、「建築物等の外観の維持保全及び景観支障状態の制限に関する条例」を制定し、都道府県としてはめずらしく、この領域に踏み込んだ。この条例をみたとき、「県がそこまでやるか」と感じた。

和歌山県の対応　広域自治体としての県は、全県的観点から必要な施策を策定実施するというのが、地方自治法二条三項および五項を踏まえた一般的な理解だろう。ところが、この条例では、市町村をまさに飛び越した県の直接的対応が規定される。支障除去措置の仕組みに、それが端的に現れている。

景観支障除去措置　五条一項は、次のように規定する。「知事は、……和歌山県景観条例……第一一条の七に規定する区域においてその外観が景観支障状態となっている建築物等又は前条第一項の規定による要請があったその外観が景観支障状態となっている建築物等について、……景観支障除去措置をとることを助言又は指導することができる。」（傍線筆者）。このあと、勧告→命令（→行政代執行）とつながっていく。事情次第では、建築物の除却も可能である。

ここでは、傍線部の「又は」の上下に、二つの場合が規定されている。第一は、景観条例にもとづく事前協議対象区域（特定景観形成地域）内の建築物等である。第二は、（県民としての）周辺住民が知事に要請した建築物等である。

住民苦情に県が対応？　第一の場合は、県条例にもとづく指定区域における景観支障であるから、県として対応するのは妥当である。ところが、第一の場合と第二の場合は、傍線部の「又は」でつながれているため、第二の場合にも県が対応することになる。第二の場合であっても、いろいろな状況が想定されるが、たとえば、「地域の迷惑になっているから何とかしろ」というような建築物等であってもよい。この落差に、ちょっとびっくりした。

空家法と景観支障　さて、条例施行後の二〇一四年一一月に、空家法が制定された。同法が対象とする「特定空家等」の特性のひとつとして、条例に規定される景観支障状態がある。ところが、空家法一四条は、倒壊のおそれのような保安上危険がある場合でなければ除却の指導・助言、勧告、命令はできないとしている。空家法は、県に対して権限行使を義務づけてはいないから、同じ行政主体に関して矛盾する権限が同居するという状態ではない。しかし、同法は、景観支障に関して条例を制定していなかった県内の市町村に対しては、これを義務づけているのである。

形式的矛盾の発生　市町村内に景観支障物件があった場合、地元市町村は、空家法を使った除去はできないけれども、住民が知事に要請すれば、それが可能になる。県としては、「後から勝手に空家法ができたのだから、オレの知ったことではない」「景観支障事由で除却ができないことを明記するなどナンセンス」といいたいところであろうが（気持ちはわかる）、こうした混乱状態を放置するわけにもいかない。一方、県の景観政策は後退させたくない。どのような対応が考えられるだろうか。

絞りこまれた案件対応　景観法は、基本的に、特定空家等というスポット問題への対応を規定する。景観支障の特定空家等に対して除却を求められないというのは、こうした前提で整理すべきである。そのうえで、全県的観点から重要と評価される地域内に存在し、同地域の景観管理の方針の観点から支障を与えている建築物であれば、景観法の合理的解釈として、条例にもとづいて除却を求めても同法には牴触しないように思う（この点は、市町村景観条例にもとづく対応であっても同様であろう）。

ひとつの整理　そうすると、現条例が第一の場合と第二の場合を「又は」で連結しているのを分断し、県条例は前者のみを対象とするとして指定区域の拡充を図り、後者については、市町村の空家法および景観条例の実施に委ねるとするのが、ひとつの整理である。